»SAFE«, ein internationaler Erfolg:
Slowakische Ausgabe: Vydavatelstvo F 2011
Italienische Ausgabe: Giovanni Fioriti 2012
Tschechische Ausgabe: Portál 2012
Russische Ausgabe: Terevinf 2014
Türkische Ausgabe: Zahrad Yayinlari / imprint of Zula Medya Yayincilik 2017
Ukrainische Ausgabe: Smaki (in Planung)

Karl Heinz Brisch, Dr. med. habil., Univ.-Prof. an der Paracelsus Medizinischen Privatuniversität (PMU) in Salzburg, war bis 2020 Vorstand des weltweit ersten Lehrstuhls für Early Life Care und leitete das gleichnamige Forschungsinstitut an der PMU. Ebenso leitete er viele Jahre die Abteilung für Pädiatrische Psychosomatik und Psychotherapie am Dr. von Haunerschen Kinderspital der Universität München. Er ist Facharzt für Kinder- und Jugendpsychiatrie, Psychiatrie, Psychosomatische Medizin und Psychotherapie sowie Neurologie, Psychoanalytiker für Kinder, Jugendliche, Erwachsene und Gruppen. Zudem ist Karl Heinz Brisch Bindungsforscher und ausgebildet in spezieller Psychotraumatologie für Kinder, Jugendliche und Erwachsene.

E-Mail: office@khbrisch.de
Homepage: www.khbrisch.de

Karl Heinz Brisch

SAFE

SICHERE AUSBILDUNG FÜR ELTERN

Sichere Bindung zwischen Eltern und Kind
Für Schwangerschaft und erste Lebensjahre

Mit Illustrationen von Carlo Schneider

Klett-Cotta

Mit Dank an die CHAJA Stiftung für die Übernahme
der vollständigen Illustrationskosten

www.klett-cotta.de

Cover: Rothfos & Gabler, Hamburg
Gesetzt von C.H.Beck.Media.Solutions, Nördlingen
Gedruckt und gebunden von CPI – Clausen & Bosse, Leck
ISBN 978-3-608-98789-8
E-Book ISBN 978-3-608-12315-9

Überarbeitete, illustrierte und erweiterte Ausgabe

Bibliografische Information der Deutschen Nationalbibliothek
Die Deutsche Nationalbibliothek verzeichnet diese Publikation in der Deutschen Nationalbibliografie; detaillierte bibliografische Daten sind im Internet über <http://dnb.d-nb.de> abrufbar.

INHALT

VORWORT

Als ich Carlo Schneider zum ersten Mal 2016 und dann erneut 2019 während eines Kongresses in Illnau/Schweiz kennenlernte, faszinierte mich, mit welcher Lust und Präzision er Cartoons zeichnet. Die Inhalte der Vorträge wurden hierdurch nochmals auf einer ganz anderen Ebene und mit viel Humor verständlich; ich war begeistert!

Schnell reifte bei mir die Idee, solche Illustrationen auch für mein SAFE-Elternbuch zu entwickeln. Glücklicherweise kam dann auch noch die CHAJA Stiftung ins Spiel, die sich von Anfang an für dieses Projekt interessierte und sich prompt dazu bereit erklärte, die vorliegende illustrierte Ausgabe zu fördern. Ohne Herrn Schneiders Zeichenkunst und die finanzielle Unterstützung der CHAJA Stiftung wäre diese Neuausgabe gar nicht möglich gewesen. Auch der Verlag Klett-Cotta griff die Idee mit großem Interesse auf, so dass SAFE nun in illustrierter und aktualisierter Form vorliegt. Hierüber bin ich sehr glücklich und allen Beteiligten sehr dankbar!

Seit der 1. Auflage aus dem Jahr 2010 hat sich aber auch ein Thema in die frühe Eltern-Baby-Beziehung »eingeschlichen«, das damals noch nicht so bedeutungsvoll gewesen war: Ich denke hier an den Einsatz von Medien und Smartphones, etwa zur Beruhigung von Säuglingen, zum Babysitten und als Einschlafhilfe. Die Themen, die im SAFE-Buch für werdende Eltern behandelt werden, sind weiterhin sehr aktuell, wurden aber um das Kapitel *Eltern, Babys, Smartphones und andere Medien – eine besondere »Beziehung«* ergänzt. Das Thema Medien ist für viele Eltern mit Säuglingen und Kleinkindern von großer Bedeutung, da sie mit dem Internet und dem Einsatz von Medien aufgewachsen sind. In welcher Weise Smartphones und Medien die Entwicklung von Babys fördern oder behindern und die Eltern-Kind-Bindung irritieren oder sogar stören können, wird in dem neuen Kapitel ausführlich erläutert.

Die Erkenntnisse und Ratschläge des vorliegenden SAFE-Buchs gelten natürlich auch für gleichgeschlechtliche Eltern, die ebenso gleichwertige Bindungspersonen sein können.

Ich wünsche allen Eltern mit ihren Babys eine wunderbare Zeit mit sicherer Bindungsentwicklung und hoffe, dass diese illustrierte Neuausgabe auf eine große Resonanz stoßen wird.

Ich möchte Ihnen eine Anekdote erzählen. Diese soll verdeutlichen, warum es höchste Zeit wird, dass Eltern eine Hilfestellung bekommen, um die grundlegenden Bedürfnisse ihres Babys verstehen und so darauf antworten zu können, dass sich ihr Kind gesund entwickeln wird: Eine sichere Bindungsentwicklung und das damit verbundene Urvertrauen wirken wie ein großer Schatz auf seiner anstehenden Weltreise.

Als meine eigenen drei Kinder in die Pubertät kamen, entschieden wir uns in der Familie – nach vielen Diskussionen über die Vor- und Nachteile – für einen Hund. Es sollte ein bindungsorientierter Hund sein, also kam nur ein Hütehund in Frage. Schließlich waren wir alle sehr aufgeregt, als wir Mira, eine *Australian Shepherd*-Hündin, erstmals bei uns zu Hause hatten. Obwohl uns die Züchterin eine Menge an guten und ganz wichtigen Ratschlägen für die erste Zeit mitgegeben hatte, waren wir alle so begeistert, dass jeder vor lauter Glück so ziemlich alles mit dem kleinen Welpen machte, was ihm und dem Tier Freude bereitete. Als meine Frau und ich zum ersten Mal ganz stolz mit unserem Welpen spazieren gingen, trafen wir viele andere Hundebesitzer mit ihren Hunden. Wir wurden freundlich und mit Neugier in die Gemeinschaft der Hundebesitzer aufgenommen und mussten viele Fragen zur Rasse beantworten. Schließlich wurden wir mit der Frage konfrontiert, in welche Hundeschule wir mit unserem Welpen gehen wollten. Meine Frau und ich schauten uns etwas verlegen an, weil wir uns darüber noch keine Gedanken gemacht hatten. Kritisch wurden wir von den anderen Hundebesitzern darauf aufmerksam gemacht, dass der Besuch einer Hundeschule für die Erziehung des Welpen absolut notwendig sei. Man könne – nur aufgrund fehlenden Wissens – bei einem Welpen so viel verkehrt machen, dass man später zeitlebens mit einem Hund zu kämpfen habe, der sich nur wegen falscher Erziehung und Verhaltensweisen seiner Besitzer alle möglichen Macken angeeignet habe; diese könne man womöglich nie mehr verändern. Meine Frau und ich waren sehr betroffen und dachten daran, dass uns bei unseren ersten Spaziergängen mit unserem ersten Baby niemand gefragt hatte, in welche Eltern-Baby-Schule wir gingen.

Wir lernten schließlich in der Hundeschule, die wir mit der ganzen Familie jeden Sonntag regelmäßig besuchten, eine ganze Menge über die Signale unseres Hundes, die richtigen Antworten und Verhaltensweisen und über Hunde und ihre grundlegenden Bedürfnisse allgemein. Wir waren hierfür sehr dankbar, denn diese Anleitungen erleichterten uns den Umgang mit unserem Welpen sehr und gaben uns auch Sicherheit, denn wir konnten in der Schule jederzeit auch Fragen stellen und fühlten uns sehr gut begleitet.

Im Nachhinein fragten sich meine Frau und ich, warum wir vor der Geburt und während der ersten Lebensjahre unseres ersten Kindes nicht auch eine solche Schulung erhalten hatten – sie hätte uns, rückblickend, sehr geholfen, manches mit unserem ersten Baby nicht per »Versuch und Irrtum« auszuprobieren und schließlich zu Antworten zu kommen, von denen wir damals nicht wussten, ob sie wirklich entwicklungsfördernd für unser Kind sein würden.

Babys sind keine Welpen, dennoch wird von Eltern ganz ähnlich erwartet – und es ist noch wichtiger –, dass sie etwa lernen, die Signale ihres Kindes richtig zu deuten und die angemessenen

Antworten hierauf zu wissen, und dass sie die lebenswichtigen Entwicklungsbedürfnisse eines Babys kennen und verwirklichen. Hierzu gehört ganz grundlegend das Bedürfnis des Babys nach einer sicheren Bindung. Wie diese entsteht, wie Eltern diese gezielt fördern können und wie sie auf diesem Hintergrund Signale des Babys, etwa sein Weinen, verstehen und beantworten, stelle ich im vorliegenden Buch anhand von fundierter Forschung und meiner jahrzehntelangen Praxiserfahrung dar.

Karl Heinz Brisch
Januar 2010 und Februar 2024

EINLEITUNG

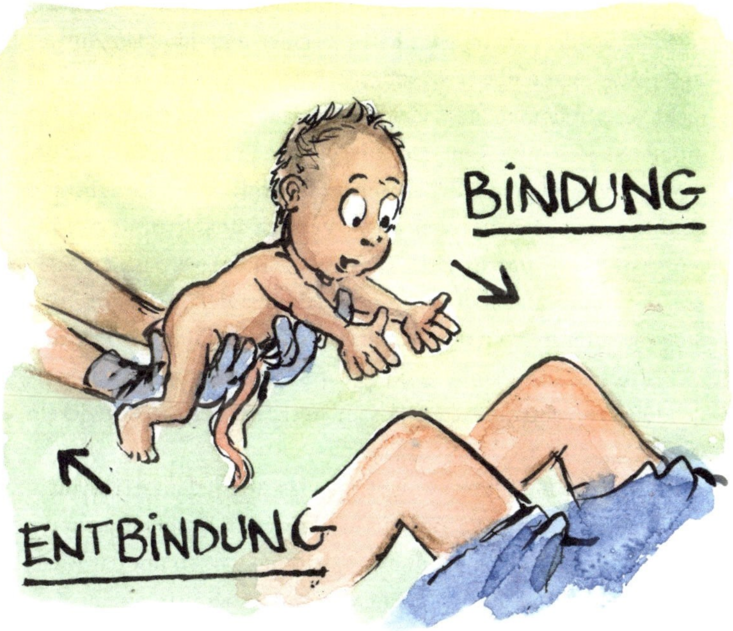

Für viele Eltern ist es eine sehr aufregende Erfahrung, wenn sie ihr erstes Baby erwarten oder es nach der Geburt dann erstmals in ihren eigenen Händen halten können. Da Babys nicht mit einer Gebrauchsanweisung nach neun Monaten nach Hause geliefert werden, schon gar nicht mit einer individuellen Anweisung, wie gerade dieses spezifische Baby zu pflegen wäre, ist es nicht verwunderlich, dass viele Eltern sehr verunsichert sind. Sie probieren, sich mit eigenen Ideen, aber auch mit Wissen und Ratschlägen von allen möglichen Seiten, einschließlich Büchern und dem Internet, letztlich aber über »Versuch und Irrtum« mit ihrem ersten Baby durchzuschlagen. Dabei hoffen sie, dass das Baby mit den unterschiedlichen, manchmal einander widersprechenden Verhaltensweisen der Eltern, etwa auch noch der Großeltern, Babysitter und Tagesmütter oder Krippenerzieherinnen, schon irgendwie zurechtkommen und sich trotzdem gesund entwickeln werde.

Für die meisten Eltern ist das Baby, das sie auf dem Arm halten, das Kostbarste und Wertvollste, was sie je in Empfang nehmen durften. Sie sind glücklich und dankbar und wollen nur das Allerbeste für ihr Kind und seine Entwicklung. Aber was ist eine gute Grundlage für eine glückliche Entwicklung des Säuglings? Was sollten Eltern ihrem Kind unbedingt mit auf den Weg geben? Wodurch könnte seine Persönlichkeit schon sehr früh Schaden nehmen? Wie kann man sich ihm gegenüber feinfühlig verhalten und seine Signale verstehen?

Bei einer kleinen Befragung in der Innenstadt betonen Mütter und Väter mit Säuglingen, dass ein Säugling unbedingt eine gesunde Ernährung, frei von Schadstoffen und Giften, frische Luft und viel Bewegung und, für eine frühzeitige Bildung des Gehirns, anregendes Spielzeug brauche. Eine Mutter sagt einfach nur, dass ihr Kind »viel Liebe« erfahren soll. Mit dem Wunsch der Mutter, ihr Kind solle möglichst umfassend und bedingungslos geliebt werden, sind wir schon ganz nah an dem grundlegenden Bedürfnis des Säuglings nach einer sicheren Bindung an seine Eltern. Weil eine sichere Eltern-Kind-Bindung ein so absolut notwendiges und ganz stabiles Fundament für die Persönlichkeit von Kindern ist, entwickelte ich ab dem Jahr 2000 einen speziellen Elternkurs mit dem Namen SAFE®, eine Abkürzung, die für »Sichere Ausbildung für Eltern« steht. Ziel dieses Kurses ist es, den Eltern schon ab Beginn der Schwangerschaft zu helfen, dass sie mit ihrem Kind bis zum Ende des ersten Lebensjahres eine sichere Eltern-Kind-Bindung aufbauen und damit das Fundament für eine gesunde Persönlichkeitsentwicklung ihres Kindes legen können. Die Themen und Probleme, die in diesem Buch dargestellt werden, sind die Inhalte, die im SAFE®-Kurs vermittelt werden.

Im Folgenden werden zunächst in den ersten beiden Kapiteln in einem sehr umfassenden Teil die Grundlagen einer sicheren Bindungsentwicklung beschrieben. Am Ende wird aufgezeigt, wie Störungen der Bindungsentwicklung aussehen, wie ihre Entstehung verstanden werden kann und wie sie behandelt werden können. Anschließend beschreibe ich die Phasen der Bindungsentwicklung in der Schwangerschaft und nach der Geburt sowie die Entwicklung der Eltern-Kind-Beziehung im ersten Lebensjahr. Ich gehe auch besonders auf Schwierigkeiten und bindungsorientierte Lösungen mit dem weinenden Baby, auf Füttern, Schlafen, Trennung und den »Erforschergeist« von kleinen Kindern ein. Wunschvorstellungen über die ideale Mutter, den idealen Vater und das ideale Baby werden genauso betrachtet wie die realen Probleme der Familienmitglieder. Ich zeige auf, welche Bedeutung eine lebendige Partnerschaft für eine gesunde Entwicklung des Babys hat. Besonders wird auch auf die Möglichkeit der Wiederholung eigener

Kindheitserfahrungen mit dem Baby eingegangen und es werden mögliche Hilfestellungen aufgezeigt, wie Teufelskreise, die seit Generationen Familien beherrschen, unterbrochen werden können. Verschiedene Formen der Fremdbetreuung – von Babysitter und Medien bis Kita – und ihr Einfluss auf die Bindungsentwicklung werden diskutiert.

Der von mir beschriebene »Sicherheitskreis« (Marvin u. a., 2010) ermöglicht ein besseres Verstehen der Loslösung und Selbständigkeitsentwicklung des Säuglings. Bindungsorientierte Hilfestellungen für Probleme mit Trennung, Ablösung und Wutanfällen werden aufgezeigt. Abschließend gebe ich einen Überblick über den Aufbau und die Inhalte eines SAFE®-Kurses, der speziell dabei helfen soll, die sichere Bindungsentwicklung zu fördern und Störungen in der kindlichen Entwicklung zu verhindern. Diese Informationen sollen den Eltern helfen, sich für die Teilnahme an einem SAFE®-Kurs zu entscheiden.

Alle Beispiele im Buch – ebenso die Namen – sind frei erfunden, sie beruhen aber auf langjähriger klinischer Erfahrung; sie sollen die theoretischen Ausführungen veranschaulichen.

Dieses Buch sei allen Schwangeren, Müttern und ihren Partnern empfohlen, wenn sie sich auf die Ankunft ihres Babys und die ersten Lebensjahre gut vorbereiten möchten und erfahren wollen, wie sie ihrem Kind durch eine sichere Bindungsentwicklung die grundlegende Erfahrung von Urvertrauen, Sicherheit und Geliebtwerden mit auf seinen Entwicklungsweg geben können. Es kann auch von Eltern, die einen SAFE®-Kurs besuchen, als ein Begleittext zum Kurs gelesen werden. Auch Fachleute unterschiedlicher Berufsgruppen, die mit der Betreuung von Schwangeren, Eltern und Säuglingen beschäftigt sind, können von den Inhalten dieses Buches für ihre Arbeit profitieren.

DIE ENTWICKLUNG EINER SICHEREN ELTERN-KIND-BINDUNG

Bindung ist nach John Bowlby, dem Begründer der Bindungstheorie, ein unsichtbares emotionales Band, das zwei Menschen über Raum und Zeit sehr spezifisch miteinander verbindet. Ein Säugling kommt mit der genetisch angeborenen Bereitschaft auf die Welt, sich eine sichere Bindungsperson zu suchen, die ihm Schutz, Pflege und Unterstützung zukommen lässt. Im Laufe des ersten Lebensjahres entwickelt er eine solche spezifische emotionale Bindung an eine sogenannte Hauptbindungsperson. Diese emotionale Bindung sichert das Überleben des Säuglings und kann auch als sein »sicherer emotionaler Hafen« bezeichnet werden.

Wir alle haben hoffentlich solche Bindungsbeziehungen, in denen wir uns mit anderen Menschen über Raum und Zeit verbunden fühlen, obwohl diese gar nicht bei uns in der Nähe sind. Hören wir einen solchen Menschen am Telefon oder lesen einen Brief von ihm, sehen ihn sogar über Video- und Sprachanrufe, so entsteht ein Gefühl von Sehnsucht. Wir wünschen uns den anderen Menschen jetzt ganz in unserer Nähe und würden ihn am liebsten in unsere Arme schließen. Diese Reaktionen sind sehr typisch, wenn unser Bindungsbedürfnis in uns ausgelöst wird oder – wie die Forschung sagt – unser Bindungssystem aktiviert wird. Auch das Heimwehgefühl von Kindern und Erwachsenen kann so gut erklärt werden. Das starke emotionale Band zur Bindungsperson wird durch eine Trennung »gespannt«, der emotionale Schmerz der Trennung ist so groß wie körperlicher Schmerz und mit ihm vergleichbar. Nur kann der seelische Schmerz des Bindungsbedürfnisses kaum durch Schmerzmittel beruhigt werden, sondern in der Regel nur durch

die Bindungsperson selbst. Alkohol und Drogen oder intensiver Medienkonsum können zwar die Wahrnehmung des Bindungsschmerzes überdecken, aber damit ist das Bedürfnis selbst nicht weg. Wichtig ist, dass diese emotionalen Bindungsbeziehungen spezifisch sind. Dies bedeutet, dass die Bindungsperson nicht durch irgendwelche anderen Personen beliebig zu ersetzen ist.

BEISPIEL Eine erwachsene Frau, Isabel, vermisst ihren geliebten Partner Florian sehr, weil dieser für mehrere Wochen berufsbedingt im Ausland weilt. In ihrem Schmerz weint sie sich bei ihrer besten Freundin aus und jammert, dass sie sich ihren Partner so sehr herbeiwünsche. In einer solchen Situation hilft es in der Regel nicht, wenn die Freundin mit dem Ratschlag kommt, ihre beste Freundin solle sich doch an den Nachbarn nebenan wenden, der sei auch nett und könne sie vielleicht ein wenig über den Verlust hinwegtrösten.

Wenn es sich wirklich um eine Bindungsbeziehung handelt, wie wir sie auch in guten Partnerschaften finden, würde die Freundin erschreckt aufschauen, ihre ratgebende Freundin womöglich zurechtweisen und sagen, dass ihre partnerschaftliche Bindungsbeziehung eben spezifisch und daher auch der vermisste Partner nicht so einfach wahllos durch den fremden Nachbarn zu ersetzen sei. Manchmal versuchen wir in solchen Situationen, uns mit anderen Menschen zu trösten, wohl wissend, dass dieser Trost letztendlich doch nicht den vermissten Partner ersetzen kann.

Ähnlich ergeht es schon Säuglingen im ersten Lebensjahr und Kindern: Wenn sie ihre Bindungsperson vermissen, lassen sie sich nicht einfach trösten, indem man sie einer noch so netten, aber fremden Babysitterin in den Arm drückt. Wenn diese Babysitterin keine Bindungsperson ist, werden die Kinder erbost den Kontakt ablehnen, ärgerlich werden und auch ohne Worte durch ihre Körpersignale deutlich machen, dass sie eine spezifische Bindungsbeziehung zu ihren Eltern, etwa der Mutter oder dem Vater, haben und dass diese nicht durch eine beliebige, fremde Babysitterin zu ersetzen seien. Dies ist auch dann der Fall, wenn die Babysitterin hochqualifiziert und pädagogisch ausgebildet ist, denn das emotio-

nale Band kommt durch die spezifischen emotionalen Erfahrungen mit der Bindungsperson zustande und beruht nicht auf pädagogischen Ausbildungen und Wissen um die Erziehung eines Babys.

Wenn die Bindungsperson, die vermisst wurde, endlich erscheint, sei es die Mutter oder der Vater, gibt es in der Regel große Freude – auf beiden Seiten, weil sich die Getrennten endlich in die Arme schließen können. Es wird für alle deutlich sichtbar, dass sich das über die Trennung so heftig gespannte emotionale Band der Bindung jetzt wieder langsam »entspannen« kann. Für alle Beobachter werden die Entspannung und das Glück, mit der Bindungsperson wieder zusammen zu sein, erlebbar.

BEISPIEL Max ist zweieinhalb Jahre alt. Er möchte unbedingt mit den Großeltern in die Ferien fahren. Er packt schon selbst sein kleines Köfferchen und wartet mit Hochspannung darauf, endlich ins Auto klettern zu dürfen, um mit den Großeltern loszufahren. Kaum sind die Großeltern mit Max losgefahren, fragt er schon ganz erwartungsvoll: »Sind wir bald da?« Er kann es kaum erwarten, endlich anzukommen, und fragt unmittelbar später: »Wann fahren wir wieder zurück?« Je länger die Reise dauert, desto häufiger fragt Max, wann er wieder zurück zur Mama dürfe, wann die Reise zu Ende sei, denn er vermisse seine Mama so sehr, dass er ganz schnell wieder nach Hause wolle. Es wird deutlich, wie das emotionale Band bei ihm mit zunehmender räumlicher und zeitlicher Distanz von zu Hause »gespannt« wird und er sich in Gedanken ständig damit beschäftigt, dass er seine Bindungsperson vermisst und sich diese wieder zurückwünscht. Es hilft ihm, dass er *seinen* Teddybären dabeihat, den er die ganze Zeit im Arm hält und der symbolisch für seine Mama steht, die er vermisst. Er erzählt seinem Teddy von der großen Reise, die er mit den Großeltern unternimmt. Gleichzeitig tröstet er den Teddybären und erzählt ihm, dass er – der Teddybär – bald wieder zu Hause bei seiner geliebten Mama sein werde.

LEBENSWICHTIGE BEDÜRFNISSE EINES SÄUGLINGS UND KLEINKINDES

Es gibt einige grundlegende Bedürfnisse, die unbedingt erfüllt sein müssen, damit sich Säuglinge – vielleicht Menschen überhaupt – entwickeln können.

PHYSIOLOGISCHE BEDÜRFNISSE

Damit Säuglinge gesund aufwachsen können, müssen einige physiologische Grundbedürfnisse befriedigt werden. Hierzu gehören ausreichend Nahrung und genug zum Trinken, aber auch ausreichend Schlaf, ein Dach über dem Kopf sowie frische Luft zum Atmen. Die Erfüllung dieser Bedürfnisse ist so grundlegend, dass auf sie in gar keiner Weise verzichtet werden kann. Sobald die Luft zum Atmen fehlt oder die richtige Ernährung oder auch der Schlaf, geraten Säuglinge bzw. Menschen im Allgemeinen in einen zunehmend stressvolleren Erregungszustand, der schließlich zu entsprechenden Symptomen führt. Im schlimmsten Fall sterben wir Menschen, wenn wir diese physiologischen Bedürfnisse nicht in ausreichender Weise befriedigen können.

DAS BINDUNGSBEDÜRFNIS

Von Geburt an bringt der Säugling ein genetisch bedingtes Bedürfnis mit, sich an eine Person zu binden, die größer, weiser, klüger ist und ihm Schutz und Sicherheit gewähren kann. Dieses Bedürfnis ist in der Evolutionsgeschichte offensichtlich schon sehr früh angelegt worden, denn wir finden es selbst bei Vögeln sowie bei allen Säugetieren und natürlich auch bei unseren nächsten Verwandten, den Menschenaffen. Wichtig ist, dass dieses Bedürfnis ein grundlegendes Bedürfnis ist und dem Überleben dient. Das Bedürfnis selbst muss aber nicht durch die Elternpersonen befriedigt werden. Der Säugling orientiert sich nach der Geburt an anderen Menschen und sucht *seine* Bindungspersonen, die ihm diesen Schutz zur Ver-

fügung stellen können. Diese müssen nicht seine biologisch mit ihm verwandten Eltern sein. In der Regel werden die Eltern zwar die Bindungspersonen des Kindes, aber es könnten auch Pflegeeltern, Adoptiveltern oder Erzieherinnen in einer Heimeinrichtung sein. Im weiteren Verlauf des Buches wird noch ausführlicher dargestellt, wie dieses Bindungsbedürfnis entsteht und welche großen Vorteile es hat.

DER NEUGIERIGE ERKUNDUNGSDRANG

Säuglinge und Menschenkinder insgesamt sind von Natur aus sehr neugierig. Sie sind kleine Welterkunder. Ihr Interesse an den kleinen Dingen sowie an allem, was sie entdecken und beobachten können, ist schier unstillbar. Daher ist es absolut notwendig, dass die Bindungspersonen dem Säugling auch entsprechende Möglichkeiten zur Erkundung der Welt anbieten und ihn nicht in einem Raum ohne Anregungen einsperren oder ihn nur in sein Bettchen legen. Die Möglichkeiten zur Erkundung, zum Beispiel im Spiel – am liebsten gemeinsam mit den Bindungspersonen –, entsprechen einem absolut überlebenswichtigen Bedürfnis des Kindes. Kinder können besonders gut erkunden und sich auf Neues einlassen, wenn sie sich in ihrem Bindungsbedürfnis sicher fühlen. Ohne sichere Bindungserfahrung ist die Fähigkeit zur Erkundung der Welt sehr eingeschränkt oder gar nicht möglich. Solange die Kinder Angst haben, weil sie keine Sicherheit und kein Urvertrauen entwickeln konnten, ist ihre Neugier gehemmt, obwohl sie grundsätzlich vorhanden ist.

BEISPIEL Mohammed (18 Monate alt) ist heute das zweite Mal bei seiner Tagesmutter. Nach wenigen Minuten hat die Mutter den Raum verlassen, um auszuprobieren, ob Mohammed nun schon einige Minuten alleine bei der Tagesmutter sein kann. Diese hat sich jetzt Zeit genommen und will ihm viele neue Spielsachen zeigen. Obwohl Mohammed total begeistert ist von der neuen Spielkiste und den vielen bunten Spielsachen, die er dort mit strahlenden Augen sehen kann, lässt er alles Spielzeug unmittelbar stehen und läuft zur Tür, wo gerade seine Mutter verschwunden ist. Er kann die neuen Spielsachen trotz großer Neugier jetzt gar nicht mehr erkunden und entdecken, weil er mit seiner Angst – aufgrund der Trennung von seiner Mutter – und somit mit seinem Bindungsbedürfnis so sehr beschäftigt ist. Die Eingewöhnungszeit bei der Tagesmutter war noch bei Weitem nicht lang genug, um sich bei ihr schon bindungssicher zu fühlen und auf diesem Hintergrund auch die vielen neuen Spielsachen in aller Ruhe erkunden zu können. Erst als die Mutter unmittelbar darauf die Tür wieder öffnet und mit hereinkommt, nimmt Mohammed seine Mutter an der Hand, führt sie zu den interessanten Spielsachen, fordert sie deutlich auf, dort Platz zu nehmen. Gemeinsam mit ihr möchte er die schönen neuen Dinge entdecken. Sie soll sich zu ihm setzen, während er die Spielsachen erkundet und sie ihr sowie auch der Tagesmutter freudig zeigt. Später will er mit ihr und der Tagesmutter zusammen spielen.

WAHRNEHMUNG MIT ALLEN SINNESORGANEN

Säuglinge wollen fühlen, riechen, schmecken, hören, sehen, und zwar mit allen ihren Sinnen. Sie wollen die Welt möglichst umfassend erleben, deswegen müssen sie neue Spielzeuge sehen, sie betasten und an ihnen riechen, sie belecken und in den Mund nehmen. Sie wollen auf ihnen herumbeißen, manchmal besteht die Gefahr, dass sie diese sogar herunterschlucken wollen. Wenn Kinder älter werden, wollen sie auch Gefühle aus ihrer Innenwelt, die sie wahrnehmen, benennen; sie sprechen etwa über Kopfschmerzen, Bauchschmerzen, nehmen ihre Darmbewegungen wahr; schließlich können sie unterscheiden, wann sie einen solch großen Drang verspüren, dass sie zur Toilette gehen müssen. Kinder, die von solchen Wahrnehmungen abgeschnitten sind, können nicht gesund aufwachsen, ihre Sinne verkümmern in jeder Hinsicht. Für bestimmte Fertigkeiten, wie etwa das Erlernen der Lautsprache und das spezifische Hören, gibt es bestimmte kritische Zeitfenster, in denen diese Fertigkeiten ganz besonders angeregt werden müssen. Geschieht dies nicht innerhalb des Zeitfensters, so entwickeln sich die entsprechenden Nervenzellen im Gehirn und deren Fähigkeit nicht ausreichend, verzögert oder gar nicht.

SELBSTWIRKSAMKEIT

Alle Kinder möchten selbstwirksam sein. Dies bedeutet, dass sie Aktivitäten »alleine«, also selbständig, durchführen möchten. Dabei ist es ganz wichtig, dass sie das Gefühl erleben, etwas selbst bewirkt und auf den Weg gebracht zu haben. Den letzten Bauklotz beim Turmbau selbst an der Turmspitze hinzugefügt zu haben und voller Stolz auf das gelungene Werk zu schauen, den Stolz und das Strahlen im Glanz der Augen der Mutter oder des Vaters zu sehen, das ist für die Entwicklung eines gesunden Selbstwertgefühls von ganz großer Bedeutung.

BEISPIEL Lia (eineinhalb Jahre) möchte gemeinsam mit ihrem Vater mit den Bauklötzen spielen. Sie kennt das Spiel schon ganz genau und weiß, wie man Bauklötze aufeinanderstapelt, so dass ein möglichst hoher Turm entsteht, den man schließlich mit großer Freude gemeinsam wieder zum Einstürzen bringen kann. Es ist ihr ganz wichtig, dass der Vater dabeisitzt, ihr die Bauklötze reicht und sie diese voller Stolz aufeinanderstapeln kann. Der Vater gibt eine kleine Hilfestellung und unterstützt den Turm an seiner Basis etwas; als er immer höher wird, will der Vater helfen und ihn mit eigenen Bauklötzen noch etwas verlängern, weil er sich vorstellt, dass es dann noch mehr Spaß macht, zu beobachten, wie dieser zusammenbricht. Lia möchte dies aber nicht, sie nimmt dem Vater die Bauklötze aus der Hand und bedeutet ihm sehr eindrücklich mit dem

Wort »ich«, dass sie diejenige sein möchte, die den Turm baut und die Bauklötze aufeinanderstapelt. Schließlich sind alle Bauklötze zu einem hohen Turm aufgebaut. Lia strahlt und ist voller Stolz; sie ist noch glücklicher, als sie sieht, dass auch ihr Vater strahlt und sich über den hohen Turm aus Bauklötzen freuen kann. Der Vater lobt sie für den hohen Turmbau. Lia legt wiederum Wert darauf, dass sie selbst mit einem Freudenschrei den Turm schließlich umwerfen kann, so dass die Bauklötze mit Krach umeinander purzeln. Dann beginnt das ganze Spiel von Neuem.

VERMEIDUNG VON UNANGENEHMEN REIZEN

Schon ungeborene Babys in der Gebärmutter schützen sich vor unangenehme Reize von außen, etwa vor großen Lautstärken, die man ihnen experimentell anbietet. Sind Säuglinge erst einmal geboren, so wird dies zu einem ganz wichtigen Schutz- und Lebensprinzip. Unangenehme Reize wie Geräusche, Kälte, aber auch zu große Wärme oder jegliche Art von Schmerz führen zu heftigen Abwehrbewegungen, indem Kinder sich wegwenden, weglaufen, weinen, protestieren, laut demonstrativ toben oder auch nur einfach sehr klar den Kopf abwenden, sich die Ohren zuhalten oder den Körper wegdrehen, um sich zu schützen. Manchmal können Schmerzreize, wie etwa der Nadelpieks beim Impfen, nicht verhindert werden, weil die Eltern ihr Kind zum Schutz vor Kinderkrankheiten impfen lassen. Unter diesen Umständen ist es notwendig, dass eine Mutter bzw. eine Bindungsperson da ist, die das Kind mit Körperkontakt über seinen Schmerz hinwegtröstet und ihm hilft, den Schmerz zu bewältigen.

Dies trifft auch dann zu, wenn Kinder unbeabsichtigt Schmerzen erleiden, wenn sie etwa hinfallen oder sich den Kopf anschlagen. Auch in solchen Situationen braucht es eine Bindungsperson, die das Kind mit Körperkontakt tröstet, weil eine solche Erfahrung von Schmerz sehr unangenehm ist und einen großen Stress für das Kind darstellt.

FAZIT Alle diese grundlegenden, überlebenswichtigen Bedürfnisse sind für die Entwicklung von Säuglingen ganz entscheidend. Sie sind so grundlegend, dass ihre Erfüllung für Menschen aller Altersstufen überlebenswichtig ist. Die gleichen Prinzipien gelten also genauso für die Eltern.

Dabei sind die physiologischen Bedürfnisse Bindung und Erkundung grundlegend. Auf sie bzw. darauf, dass sie erfüllt werden, kann man nicht sehr lange verzichten, ohne Stress- bzw. verschiedene Krankheitssymptome zu entwickeln. Eine zeitlich begrenzte Einschränkung der Selbstwirksamkeit und auch von sensorischen Reizen ist eher zu verkraften, führt auf lange Sicht aber ebenso zu Symptomen, wie wir bei Kindern, die unter Vernachlässigung aufwachsen, sehr deutlich sehen.

Alle diese überlebenswichtigen Bedürfnisse – und dass sie befriedigt werden – sind auch die Grundvoraussetzung dafür, dass Menschen die Fähigkeit entwickeln, sich in Beziehungen auf andere einzulassen, mit anderen zusammenzuleben und sich mit ihnen zu verständigen. Wenn die Erfüllung dieser grundlegenden Bedürfnisse einem Säugling sehr früh versagt wird, entwickelt er die Fähigkeit, sich auf eine Beziehung einzulassen, nicht in ausreichendem Maße. Er wird dann zeitlebens große Schwierigkeiten haben im Kontakt sowohl mit Gleichaltrigen als auch mit späteren Lebenspartnern und auch dabei, diese überlebenswichtigen Bedürfnisse bei eigenen Kindern gut zu erkennen und zu befriedigen.

DIE SICHERE BINDUNG – DAS STABILE FUNDAMENT DER PERSÖNLICHKEIT

Wenn wir im Deutschen von *Bindung* sprechen, müssen wir unterscheiden, ob wir etwa die Bindung der Eltern an ihr Kind oder die Bindung des Kindes an die Eltern meinen. Im Amerikanischen gibt es hierfür zwei verschiedene Begriffe: Die Bindung der Eltern an ihr Kind (»Bonding«) umfasst die Bereitschaft der Eltern, sich emotional auf ihr Kind und seine Bindungssignale einzulassen, es entsprechend seinen Bedürfnissen zu pflegen und ihm Schutz und Sicherheit zu geben. Die Bindung des Kindes an seine Bindungsperson (»Attachment«), in der Regel an die Eltern, bedeutet, dass das Kind sich in seiner Suche nach Schutz und Sicherheit an seine Bindungspersonen wendet. Bindung ist aufseiten des Kindes also eher ein Sicherheitssystem, während sie aufseiten der Bindungspersonen eher ein Pflege- und Schutzsystem ist. Auf diese Weise entwickelt sich schon beim Säugling ein Gefühl von Urvertrauen, dass er zeitlebens als stabiles Fundament seiner Persönlichkeit zur Verfügung hat.

BINDUNG FÜRS ÜBERLEBEN

Die sichere Bindung des Kindes ist für sein Überleben so grundlegend wie die Luft zum Atmen und die Ernährung. Man kann auch sagen, dass die emotionale Bindung das Überleben und die Entwicklung des Säuglings sichert.

Stellt man sich einmal vor, dass die Menschen in der Steinzeit in großen Gemeinschaften durch das Land gezogen sind, so war es für einen Säugling extrem wichtig, Bindungsverhalten mit Hilfe von

Weinen, Rufen, Nachlaufen, Anklammern zu zeigen, um von seiner Bindungsperson mitgenommen zu werden, wenn die Gruppe weiterzog oder Gefahr drohte. Zeigte ein Säugling ein solches Bindungsverhalten und wurden seine Signale von einer Bindungsperson verstanden und entsprechend beantwortet, indem die Mutter etwa den Säugling auf den Arm nahm und er auf diese Weise mitgenommen wurde, wenn sie weiterzog, konnte er überleben. Ignorierte die Mutter dagegen seine Bindungssignale und ließ sie ihn womöglich sogar alleine zurück, so bedeutete dies seinen sicheren Tod. Dem nächsten wilden Raubtier, das vorbeikam, fiel er zum Opfer, oder er verhungerte und verdurstete. Aus diesem Grunde war es sehr früh in der Entwicklungsgeschichte für viele Tierarten sowie auch für den Menschen und seine Vorläufer von großer Bedeutung, Bindungsverhalten zu entwickeln. Selbst für Tiere, die bei der Geburt schon so reif sind, dass sie ihrem Muttertier hinterherlaufen und damit selbst aktiv die Bindung herstellen können, bedeuten Schutz und Sicherheit durch das Muttertier eine größere

Überlebensgarantie. Für Jungtiere wie auch für menschliche Säuglinge, die aufgrund ihrer physiologischen Unreife der Mutter nicht hinterherlaufen können, sondern ganz davon abhängig sind, dass die Bindungsperson bzw. das Muttertier das Kind aufnimmt und mitträgt, bedeutet das Zeigen von Bindungssignalen die entscheidende Überlebensgarantie, neben der Versorgung mit ausreichender Ernährung.

BINDUNGSBEDÜRFNIS BEI ANGST UND TRENNUNG

Das Bedürfnis des Säuglings, seine emotionale Sicherheit durch körperliche Nähe zur Bindungsperson herzustellen, ist nicht immer aktiv. Es wird besonders dann groß, wenn sich der Säugling von seiner Bindungsperson getrennt fühlt und er Angst erlebt. Trennung von der Bindungsperson ist eines der Hauptereignisse, dass das Bindungssystem bzw. das Bindungsbedürfnis des Säuglings aktiviert. Aber auch alle anderen Erfahrungen, die dem Säugling Angst machen, können das Bindungsbedürfnis auslösen. Hierzu gehören zum Beispiel erschreckende Dinge, die im Umfeld des Kindes passieren, wie etwa laute Geräusche, das Bellen eines Hundes, laute Worte der Eltern, aber auch später im Laufe des ersten Lebensjahres schon die ersten Angstträume. Das heißt, Angst machende Erfahrungen können sowohl von außen als auch von innen kommen. Der Säugling unterscheidet dabei nicht, in jedem Fall wird sein Bindungsbedürfnis wachgerufen, und er sucht aktiv die körperliche Nähe zu seiner Bindungsperson bzw. seinen Bindungspersonen. Durch körperliche Nähe wird das Bindungsbedürfnis des Säuglings am besten beruhigt. Bei großer Erregung reicht es nicht aus, den Säugling nur mit Worten zu beruhigen; in allen Kulturen wird das Bindungsbedürfnis am allerbesten durch Körperkontakt wieder beruhigt. Die körperliche Nähe zur Bindungsperson signalisiert dem Säugling auch, dass seine Bindungsperson ihn mitnehmen, ihn trösten und ihm Schutz vor Gefahren gewähren wird. Auf diese Weise fühlt er sich und ist er »in Sicherheit«. Zu allen Zeiten haben sich durch ein solches Bindungsverhalten die Überlebenschancen von Säuglingen vergrößert.

VERSCHIEDENE BINDUNGSPERSONEN

Es wäre wünschenswert, dass jeder Säugling im Laufe des ersten Lebensjahres zumindest eine Hauptbindungsperson für sich gewinnen könnte. In der Regel ist dies bei vielen Kindern die Mutter, manchmal aber auch der Vater, besonders, wenn dieser im ersten Lebensjahr während der meisten Zeit feinfühlig die Versorgung des Säuglings übernimmt. Selbstredend kann der Säugling auch eine sichere Bindung zu zwei gleichgeschlechtlichen Elternteilen entwickeln. Grundsätzlich muss die Bindungsperson aber nicht ein Elternteil sein. Der Säugling entscheidet nicht nach genetischer Verwandtschaft, wen er als seine Hauptbindungsperson auswählt und wer für ihn den besten Schutz darstellt und ihm somit die Erfahrung von größter Sicherheit vermittelt. Es braucht bestimmte Voraussetzungen, um für ein Kind zur Bindungsperson zu werden. Diese Bedingungen werden im Folgenden ausführlich besprochen. Im Zusammenhang mit der Bindung von Kindern wird gerne – etwa von Richtern – der Begriff »Blutsbande« verwendet. Dieser entstammt allerdings nicht der Bindungstheorie, sondern ist ein eher ideologischer Begriff. Eine Bindungsbeziehung zwischen Eltern und Kind entsteht durch bestimmte emotionale Erfahrungen, die der Säugling mit seinen Eltern macht, und *nicht* durch die genetische Verwandtschaft als solche.

HIERARCHIE DER BINDUNGSPERSONEN: DIE »BINDUNGSPYRAMIDE«

Im Laufe des ersten Lebensjahres entwickeln Säuglinge in der Regel nicht nur eine, sondern mehrere Bindungsbeziehungen zu verschiedenen Bindungspersonen, die entsprechend ihrer Bedeutung in einer Art »Bindungspyramide« eingeordnet werden. Die Hauptbindungsperson steht ganz an der Spitze der Bindungspyramide

und wird vom Säugling bei der Erfahrung von größtem Stress und größter Angst aufgesucht, da sie ihn nach seiner Erfahrung am besten beruhigen kann. Bindungspersonen wie der Vater, die Großmutter, der Großvater, die Tagesmutter oder andere Personen, die eine emotionale Bindungsbeziehung zum Säugling aufgebaut haben, können den Säugling in der Regel bei kleineren stressvollen Erfahrungen mit weniger Angst auslösenden Ereignissen trösten. Sie werden in der Regel als Ersatz für die Hauptbindungsperson akzeptiert, wenn diese bei angstvollen Ereignissen nicht verfügbar ist. Der Säugling wird zwar etwas länger weinen und sich nur langsam beruhigen lassen, letztendlich wird er aber auch bei der nachgeordneten Bindungsperson den Körperkontakt zur Beruhigung seines aktivierten Bindungsbedürfnisses akzeptieren.

BEISPIEL Leos Hauptbindungsperson ist seine Mutter. Er ist zwei Jahre alt und spielt ganz vergnügt an einem Sommertag in seiner Kita, die er schon seit einem Jahr besucht. Leo klettert auf einem Spielgerät herum, als er plötzlich die Balance verliert und auf seinen rechten Arm fällt. Dieser tut jetzt sehr weh, Leo schreit laut auf und ist durch den stechenden Schmerz sehr verängstigt. Durch den Schreck und den Schmerz wird unmittelbar sein Bindungsbedürfnis aktiviert. Er lässt sich von seiner Lieblingserzieherin Gabi bereitwillig auf den Arm nehmen, klammert sich an diese, weint aber weiter und ruft gleichzeitig nach der Mutter. Mit jammernder Stimme sagt er immer wieder: »Die Mama soll kommen«. Gabi, die für ihn im Kindergarten die emotionale Hauptbindungsperson darstellt, versteht dies sehr gut, da sie seinen Schmerz als groß einschätzt. Sie vermutet sogar, dass sein Ärmchen gebrochen sein könnte. Sie ruft daher die Mutter auf dem Handy an, die eine halbe Stunde später auch im Kindergarten erscheint. Inzwischen hat sich Leo auf dem Arm von Gabi beruhigt; er wurde von ihr die ganze Zeit herumgetragen, während er aber noch etwas weiter über den Schmerz in seinem Ärmchen jammerte. Als seine Mutter, die Hauptbindungsperson, endlich in der Türe erscheint, weint er schließlich noch mal laut auf, streckt die Ärmchen nach ihr aus und lässt sich von ihr auf den Arm nehmen und mit Körperkontakt trösten. Gabi konnte ihn als weitere, nachgeordnete Bindungsperson in der Bindungspyramide zunächst einmal ganz akut trösten. Aber die Beruhigung war noch nicht ganz ausreichend, weil der Schmerz so groß war, so dass die Hauptbindungsperson, seine Mutter, zum Trösten kommen musste.

BEISPIEL Malia ist achtzehn Monate alt. Sie ist schon eingeschlafen, als die Mutter aus dem Haus geht, um sich mit ihrer besten Freundin zu einem Kinobesuch zu treffen. Sie weiß, dass der Vater als weitere, nachgeordnete Bindungsperson zu Hause ist und Malia notfalls trösten wird, falls diese aus dem Schlaf aufwachen sollte. Malia wacht tatsächlich auf, als die Mutter noch im Kino ist, weint und ruft nach der Mutter. Malia hatte einen Alptraum, hat deutlich Angst und klammert sich einerseits an den Vater, ist bei diesem auf dem Arm, ruft aber weiter nach der Mutter. Es dauert etwas länger als bei der Mutter, aber es gelingt dem Vater als nachgeordnete Bindungsperson – er ist die zweitbeste Bindungsperson in der Bindungshierarchie –, Malia ausreichend zu trösten. Er schaut noch mit ihr ein Bilderbuch an und legt sie dann wieder friedlich in ihr Bettchen, woraufhin sie auch prompt einschläft. Obwohl Malia nach ihrer Hauptbindungsperson verlangte, etwas ärgerlich war, dass diese nicht gleich zur Stelle war, gelang es dem Vater als der nachgeordneten Bindungsperson – mit etwas längerer Zeitspanne – sehr gut, Malia zu trösten und ausreichend zu beruhigen, so dass diese wieder einschlafen konnte.

BINDUNG UND WELTERKUNDUNG

Das Bindungsbedürfnis und das Erkundungsbedürfnis stehen miteinander in Beziehung und werden abwechselnd aktiviert. Nur wenn das Bindungsbedürfnis befriedigt ist, kann der Säugling seinem Drang, die Welt zu erkunden und zu erforschen, ausreichend nachgeben und sich in einer ruhigen Form des Spielens und Erkundens auf neue Erfahrungen einlassen.

BEISPIEL Philipp (2 Jahre) und Nina (3 Jahre) spielen sehr vergnügt mit anderen Kindern im Sandkasten, während ihre Mutter auf der Bank sitzt und ihren Kindern interessiert beim Spiel zuschaut. Die Kinder haben immer wieder neue kreative Ideen, wie sie mit Sand und Wasser Neues ausprobieren können. Schließlich steht ihre Mutter auf, um den beiden Kindern ein Eis zu kaufen – der Kiosk ist nur zwanzig Meter entfernt. Sie hat während dieser ganzen Zeit ihre Kinder im Blick. Als aber Philipp und Nina aus dem Sandkasten aufschauen und ihre Mutter auf der Parkbank nicht mehr sehen, sind sie deutlich erschrocken und sehen angespannt aus. Sie rufen kurzfristig nach ihrer Mutter und steigen schon aus dem Sandkasten, um auf die leere Parkbank zuzulaufen. Ihre Mutter sieht dies und ruft vom Kiosk an der Ecke: »Hier bin ich, keine Sorge, ich habe euch nur gerade ein Eis gekauft«. Die Kinder laufen daraufhin zu ihrer Mutter, freuen sich über das Eis, müssen aber beide auch einmal kurz ihre Mutter drücken, um sich durch Körperkontakt wieder zu beruhigen. Der Blick auf die leere Parkbank und die Angst, ihre Mutter könnte spurlos verschwunden sein, hatte ihr Bindungsbedürfnis deutlich aktiviert, so dass sie ihr interessantes Spiel mit dem Sand kurzfristig aufgeben mussten.

Die Bindung ist für das Überleben wichtiger als das Erkundungsbedürfnis. Es wäre sehr merkwürdig und würde nicht für Bindungssicherheit sprechen, wenn Kinder in diesem Alter auf das

Verschwinden ihrer Mutter erfreut reagiert und sich gesagt hätten: »Prima, nun sind wir unbeobachtet und können einmal in aller Ruhe die Dinge auf dem Spielplatz erkunden und alles tun, was uns die Mutter sonst immer verbietet!«. Ältere Kinder, etwa ab dem zweiten Lebensjahr, testen dagegen auch schon mal aus, ob die Eltern mit ihrem Fürsorgeverhalten reagieren, wenn sie von den Eltern weglaufen, um sich dann von den Eltern unter Protest einfangen zu lassen. Oder sie erkunden die Umwelt genau an einer Stelle, wo die Eltern ihnen bereits Grenzen gesetzt haben, d. h sie testen die Grenzen aus und schreien lauthals, wenn die Eltern zum wiederholten Male die Grenze auf ein Neues ziehen und ihnen etwas verbieten.

BINDUNG *VOR* BILDUNG

Das Prinzip »Bindung *vor* Bildung« ist sehr bedeutungsvoll für alle Lernvorgänge und Lernsituationen: Kinder, deren Bindungsbedürfnis aktiviert ist, können nicht gleichzeitig konzentriert und aufmerksam lernen. Weder im frühen Säuglingsalter noch in der Kita, im Kindergarten oder in der Schule können Kinder neue Angebote für Erkundung und Spiel ausreichend interessiert und neugierig aufgreifen – obwohl sie ein grundlegendes Erkundungs- und Neugierbedürfnis haben –, wenn sie Angst haben und dadurch ihr Bindungsbedürfnis gleichzeitig aktiviert ist. In dieser Situation sind sie gänzlich damit beschäftigt, ihr Bindungsbedürfnis durch die Suche nach ihrer Bindungsperson zu beruhigen. Erst später, wenn sie sich beruhigt fühlen, können sie weiter erkunden und spielen. Für alle Bildungs- und Lernvorgänge ist es daher eine grundlegende Voraussetzung, dass Kinder sich bindungssicher fühlen. Damit Kinder also von ihren Eltern, in der Krippe, im Kindergarten oder in der Schule lernen, neue Bildungsangebote aufnehmen und auch für sich in ihren inneren Welten verarbeiten können, müssen sie sich emotional sicher fühlen. Dies bedeutet, dass sie eine weitere sichere Bindungsbeziehung zur Erzieherin in

der Krippe oder im Kindergarten oder auch zu ihrer Lehrerin/ihrem Lehrer aufbauen müssen, bevor sie die vielen interessanten neuen Angebote in ihrem Bedürfnis nach Erkundung aufgreifen und auch verinnerlichen können. Grundsätzlich gilt daher das Sprichwort: »Sichere Bindung kommt vor Bildung«.

BEISPIEL Matteo (2 Jahre) besuchte seit einigen Tagen zum ersten Mal die Krippe. Heute ließ ihn die Mutter – nachdem sie während der Eingewöhnungszeit in den letzten Tagen immer anwesend war – erstmals für 30 Minuten ganz allein. Er war wieder aufgeregt und neugierig, was er mit den anderen Kindern erleben würde. Gleichzeitig war er noch ängstlich. Zunächst ging er in die Ecke, wo die Holzeisenbahn aufgebaut war. Da sagte ihm einer der ältesten Jungen barsch, dass er nicht mitspielen dürfe, weil er noch zu klein sei. Er bekam Angst und schaute sich nach seiner Mutter um, die aber nicht da war. Daraufhin ging er zu Susanne, welche seit seiner Aufnahme in die Krippe seine Bezugserzieherin war, denn diese hatte ihn an allen Tagen der Eingewöhnung und auch heute begrüßt und ihn in die Gruppe begleitet. Als Susanne ihm anbot, mit ihm ein

Bilderbuch anzuschauen, konnte er sich vor lauter Aufregung nicht mehr an die Tiernamen erinnern, obwohl er das Bilderbuch von zu Hause her kannte. Auf dem Schoß von Susanne zu sitzen war ihm noch nicht so geheuer. Er konnte sich gar nicht auf das Bilderbuch konzentrieren, weil ihm die großen Jungen Angst machten und Susanne ihm auch noch nicht ausreichend vertraut war. Als seine Mutter wiederkam, wollte er zu ihr auf den Arm, um dann mit ihr das Bilderbuch anzuschauen. Jetzt konnte er sich wieder an alle Tiernamen erinnern.

Wenn Kinder Angst bekommen, wenden sie sich normalerweise an ihre Bindungsperson. Ist diese nicht da, gehen sie bevorzugt zu ihrer Lieblingserzieherin. Es kann aber sein, dass diese in der Eingewöhnungsphase noch zu fremd ist und sich das Kind bei ihr nicht sicher fühlt. Dann sind die Fähigkeiten, wie etwa das Gedächtnis und die Erinnerung, eingeschränkt. Dieses Grundprinzip, dass Bindungssicherheit die Voraussetzung für erfolgreiches Lernen ist, gilt in allen Altersstufen.

DIE GRUNDLEGENDEN VORAUSSETZUNGEN ZUR ENTWICKLUNG EINER SICHEREN BINDUNG

Es ist gut vorhersehbar und hängt nicht vom Zufall ab, welche Person sich das Kind zu seiner Hauptbindungsperson auswählt. Die Verhaltensweisen, welche die Eltern zum Beispiel ihrem Kind gegenüber zeigen, sind ganz entscheidend dafür, dass sich ein Kind an eine Pflegeperson bindet. Diejenige Person, die ihm gegenüber in den verschiedensten Interaktionen mit der größten Feinfühligkeit reagiert, hat eine große Chance, für das Kind eine Hauptbindungsperson zu werden. Für das Kind ist es durchaus möglich, dass nicht seine leiblichen Eltern seine Hauptbindungspersonen werden. Schon der Säugling schaut und erlebt sehr genau, welche Personen seines Umfelds sich ihm gegenüber in den verschiedensten Verhaltensweisen empathisch verhalten. Genau an diejenigen wird er sich mit seinem Bindungsbedürfnis wenden.

DIE BEDEUTUNG DER FEINFÜHLIGKEIT

Eine feinfühlige Pflegeperson muss in der Lage sein, die Signale eines Säuglings wahrzunehmen, diese richtig zu interpretieren und angemessen und prompt darauf zu reagieren.

BEISPIEL Es ist Samstagmorgen, 4:10 Uhr. Die Mutter wacht auf, weil Sarah (11 Monate alt) weint. Sie überlegt kurz, was dieses Weinen zu bedeuten hat, aber es ist ihr unmittelbar klar, dass dies ein »Hungerweinen« sein muss. Der zeitliche Abstand zum letzten Stillen passt auch sehr gut, so dass sie schließlich aufsteht, Sarah aus ihrem Bettchen nimmt und an die Brust legt. Diese trinkt daraufhin durstig und hört unmittelbar auf zu weinen.
Als die Mutter am gleichen Morgen erneut um 5:20 Uhr aufwacht, weil Sarah einen schrillen Schrei ausstößt und erneut weint, überlegt sie kurz, ob dies erneut Hunger sein könnte. Aber das Weinen hört sich anders an und die Zeit passt auch nicht, weil sie erst vor einer Stunde gestillt hat. Aus diesem Grund entscheidet sie sich schließlich dafür, aufzustehen und Sarah aus ihrer Wiege zu nehmen. Sie trägt sie – mit Körperkontakt – tröstend und mit leisem Singen im Wiegeschritt durch die Wohnung, weil sie vermutet, dass sie Zahnschmerzen hat. Es dauert etwas, aber dann beruhigt sich Sarah wieder. Sie schläft auf dem Arm ihrer Mutter ein, so dass diese Sarah schlafend ins Bettchen zurücklegen kann.
Etwa eine Stunde später, um 6:30 Uhr, wacht Sarah erneut weinend auf und jammert und schimpft vor sich hin. Die Mutter hört das Weinen und überlegt sich, was nun los sein könnte. Schließlich steht sie auf und sieht, wie Sarah sie strahlend anlächelt, als sie zur Tür hereinkommt. Sie streckt die Ärmchen aus und will auf den Arm genommen werden. Unmittelbar, nachdem sie die Mutter sah, hat

sie aufgehört zu weinen. Der Mutter ist rasch klar, dass es weder Hunger noch Zahnschmerzen waren, die Sarah weinend haben aufwachen lassen. Vielmehr ist Sarah jetzt mehr oder weniger ausgeschlafen und möchte die Welt erkunden und spielen. »Mir ist langweilig, so alleine im Bettchen zu liegen«, sagt sie auf ihre Weise. Die Mutter nimmt sie auf den Arm, geht mit ihr etwas durch die Wohnung und schaut schließlich mit ihr ein Bilderbuch an; darüber wird Sarah noch mal etwas müde, und die Mutter kann sie tatsächlich noch mal für einen kurzen Schlaf bis um 7:20 Uhr ins Bettchen legen. Dann aber ist die Nacht vorbei und Sarah steht endgültig im Bettchen. Sie ruft, weint und protestiert und möchte nun ausgeschlafen und voller Energie den Tag erkunden. Sie jetzt länger im Bettchen zu lassen, würde zorniges, protestierendes Weinen hervorrufen, denn einer ausgeschlafenen Sarah ist es ausgesprochen langweilig, wenn sie alleine in ihrem Bettchen steht. Die Frustration, nicht erkunden zu können, wäre jetzt zu groß.

Feinfühlige Eltern müssen sich sehr genau überlegen, wie sie die Signale ihres Kindes, hier das Weinen, interpretieren. Säuglinge weinen, weil sie etwa Hunger, Durst, Langeweile oder Angst haben, weil sie wütend sind, Schmerzen haben, ihre Windel voll ist, es ihnen zu warm oder zu kalt ist, weil ihre Eltern sich streiten. Manchmal weiß man überhaupt nicht, warum ein Säugling unglücklich ist, der lauthals weint und über dessen innere Befindlichkeit man im Moment nur rätseln kann, ohne direkt eine Antwort zu finden. Stattdessen kann man das Baby einfach nur trösten und muss die Spannung, die mit dem Weinen verbunden ist, zunächst einmal aushalten. Weil dies sehr anstrengend ist, können und müssen sich die Eltern hierbei ablösen. Eine alleinerziehende Bindungperson braucht in einer solchen Situation, wenn ihr Kind länger und öfter für Stunden weint, dringend Hilfe durch Dritte, sei es durch Familie und Freunde oder bei einer Schreiambulanz. Andernfalls liegen die Nerven der Bindungsperson bald blank. In dieser Situation können einem die Nerven auch »durchgehen«; so könnte es dazu kommen, dass Eltern ein Kind schütteln oder nicht feinfühlig behandeln – schütteln sollten sie ihr Kind jedoch niemals, da diese Bewegungen lebensgefährliche Folgen haben können. Feinfühlige Eltern probieren aus, wie sie das Signal ihres Säuglings angemessen beantworten können, und sind geduldig, verschiedenste Dinge auszuprobieren, bis sie die passende Antwort gefunden haben. Sie können sich auch eher Hilfe holen, wenn sie überfordert sind.

Wenn ein Säugling aus Hunger weint, muss er gefüttert werden; weint er wegen Schmerzen, muss er getröstet werden, weint er aus Langeweile, braucht er Anregungen und gemeinsames Spiel. Manche Eltern bieten ihrem Säugling grundsätzlich und immer etwas zu essen an, wenn er weint, ohne genau zu unterscheiden, was eigentlich die Ursache des Weinens ist. Da das Saugen grundsätzlich beruhigend wirkt, egal aus welchem Grunde ein Baby aufgeregt weint, glauben die Eltern, die richtige Antwort auf das Weinen gefunden zu haben. Stimmt die Antwort aber nicht, weil der Säug-

ling Angst hat und nicht hungrig ist, wird er bald wieder weinen. So kann es kommen, dass sich ein Säugling innerhalb einer Stunde mehrfach weinend meldet und unzufrieden bleibt. Er lernt aber auf die Dauer, dass er sich mit Nahrung – später auch selbst – mehr oder weniger etwas beruhigen kann. Auf diese Weise wird verständlich, dass ein Kind dann später gerne nach Nahrung verlangt oder sich diese auch selbst holt, wenn es aufgeregt ist – egal aus welchem Grund.

DIE BEDEUTUNG DES SPRACHLICHEN AUSTAUSCHS

Eine sichere Bindung wird unter anderem auch gefördert, indem die Bindungspersonen, etwa die Eltern, von Anfang an viel mit ihrem Kind sprechen; denn das Gehör ihres Säuglings ist bereits perfekt ausgebildet. Das Sprechen ist zunächst einmal bedeutungs-

voll, damit das Sprachzentrum des Kindes entsprechend angeregt wird. Es ist aber nicht egal, worüber die Eltern mit dem Säugling sprechen. Wenn sie über die inneren Befindlichkeiten und Gefühle ihres Kindes sprechen sowie auch über seine Handlungen, fördert dies die sichere Bindung. Sie geben dem Kind auf diese Weise zu verstehen, dass sie nachvollziehen können, was es gerade fühlt, denkt oder auch tun möchte. Auf diese Weise fühlt sich das Kind sicher und verstanden. Sprechen die Eltern dagegen über das, was sie selbst gerade beschäftigt – dies muss nichts mit dem Kind zu tun haben –, oder wollen sie ihm etwas beibringen, so ist das Kind, insbesondere wenn sein Bindungssystem angstvoll aktiviert ist, hierfür überhaupt nicht aufnahmefähig. Es wird sich durch das Sprechen der Eltern nicht unbedingt sicherer fühlen. Erst wenn das Gefühl von Sicherheit hergestellt ist, können die Eltern mit dem Kind zum Beispiel ein Bilderbuch anschauen und erwarten, dass es sich auch in seiner Neugier auf die Inhalte des Bilderbuches und das, was die Eltern ihm zu den Bildern erzählen, einstellen kann und darüber erfreut ist.

Wenn die Eltern mit ihrem Kind sprechen, ist es von großer Bedeutung, dass bereits kleine Zwiegespräche entstehen. Diese Zwiegespräche schon mit einem Säugling sehen so aus, dass dieser Laute von sich gibt, indem er die Mutter anschaut und plappert. Die Mutter greift dies freudig auf und sagt etwa: »Oh ja, was erzählst du mir, erzähl mir mehr, das ist ja spannend …«. So ermutigt sie ihr Baby, mehr zu plappern. Sie gibt auch seinen Lauten eine eigene Bedeutung und benennt spezifische Inhalte, die dem entsprechen könnten, was den Säugling tatsächlich gerade beschäftigt, was er gerade fühlt oder was er gerade der Mutter erzählen oder ihr gegenüber zum Ausdruck bringen möchte. Die Mutter verleiht auf diese Weise den noch undeutlichen, »gurrenden« Äußerungen des Säuglings Inhalt, Gefühl und Bedeutung. Dabei ist es wichtig, dass die Mutter ihre eigenen Gefühle nicht auf den Säugling überträgt, sondern sich sehr empathisch in die Innenwelt ihres Kindes hineinversetzen kann und aus deren Perspektive heraus diese Inhalte in Sprache und Worte umformuliert. Natürlich kann es hierbei zu kleinen Missverständnissen kommen, so dass die Mutter das, was sie gerade formuliert hat, wieder korrigieren oder in neue Worte fassen muss. Dies ist überhaupt nicht tragisch, vielmehr entspricht dies der Realität. Wenn Missverständnisse in Bezug auf die Äußerungen oder Handlungen des Babys, die zunächst von den Bindungspersonen falsch verstanden wurden, korrigiert werden, ist dies der Entwicklung einer sicheren Bindung förderlich.

Ist das kleine Zwiegespräch zwischen Mutter und Kind so gestaltet, dass beide gleichzeitig – und womöglich auch noch über verschiedene Inhalte – sprechen, so fördert dies nicht die sichere Bindung. Auch wenn die Bindungsperson zu rasch und zu schnell auf jede kleine Lautäußerung reagiert, könnte dies vom Kind als verfolgend und bedrohlich erlebt werden. Dies hätte womöglich zur Folge, dass sich das Baby dann eher zurückzieht und weniger plappert. Die Mutter müsste sich in diesem Falle mehr zurücknehmen und auf die Lautäußerungen des Kindes warten sowie für dieses auch mehr Zeit und Raum einräumen.

Ist das Zwiegespräch so gestaltet, dass der Säugling im Zusammensein mit der Mutter plappert, diese aber, zum Beispiel wegen einer depressiven Verstimmung, überhaupt nicht darauf reagiert, stattdessen gedankenversunken aus dem Fenster oder auf ihr Smartphone schaut und deswegen das wunderbare Plappern des Säuglings weder wahrnimmt noch sich ihrerseits einbringt, entsteht ebenfalls eher eine unsichere Bindung.

DIE BEDEUTUNG VON BLICKKONTAKT

Blickkontakt ist extrem wichtig, um eine sichere Bindung zwischen der Bindungsperson und ihrem Säugling zu fördern. Der Blickkontakt zum Säugling ermöglicht es uns, dass wir die Gefühle und Stimmungen des Säuglings über seine Mimik wahrnehmen und entsprechend ins Wort bringen können. Gleichzeitig ist es dem Säugling möglich, an der Mimik der Mutter die verschiedensten Gefühle zu studieren. Besonders während der Stillsituation hat der Säugling einen idealen Abstand von circa 20 cm zum Gesicht der Mutter, so dass – ganz typisch – Säuglinge nach einer ersten Stillphase aufhören zu saugen und das Stillen unterbrechen, um ihren Blick zur Mutter zu wenden. So können sie aufgrund von deren Mimik die emotionalen Botschaften und Ausdrücke vom Gesicht der Mutter ablesen. Wenn die Mutter dann noch darüber spricht, wie sie sich gerade fühlt oder was sie gerade erlebt – etwa über ihre Freude, dass der Säugling so fein an der Brust trinken kann, oder darüber, wie aufmerksam er ihr Gesicht beobachtet oder ob er schon satt ist oder nur eine kleine Pause macht –, wird dies die Entwicklung einer sicheren Bindung fördern. Die feinsten Abstimmungen unserer Gefühle, die gerade dann von besonderer Bedeutung sind, wenn wir uns nicht oder noch nicht mit einem Säugling über Sprache verständigen können, werden über Blickkontakt und Mimik wahrgenommen und ausgetauscht. Sie dienen so schon sehr früh der vorsprachlichen Verständigung zwischen dem Säugling und seiner Bindungsperson.

DIE BEDEUTUNG VON BERÜHRUNG

Körperkontakt zwischen der Bindungsperson und dem Säugling, etwa zarte Berührung und Massage, sind verschiedene Formen der feinfühligen Interaktion, die eine sichere Bindung fördern. Je körpernaher der Kontakt und der Austausch mit einem Säugling ist, umso feinfühliger muss dies geschehen. Hier ist es ganz besonders wichtig, dass die Bindungsperson die Körperreaktionen ihres Kindes wahrnimmt – ob es etwa die Ärmchen ausstreckt oder das Köpfchen oder sogar den ganzen Körper wegdreht, mit den Ärmchen signalisiert, dass es mehr von der entsprechenden Berührung möchte, oder genau das Gegenteil ausdrückt. Wenn ihm die Berührung zu viel wird oder zu intensiv ist, wird der Säugling unter Umständen sein Unwohlsein durch die zu intensive positive Stimulation dadurch zum Ausdruck bringen, dass er etwa sogar die Hände der Mutter ergreift und sie an der Babymassage hindert. Über Blickkontakt und indem sie die Körpersignale des Säuglings »liest«, sollte es der Mutter möglich sein, die Dosis und die Intensität der Berührung und des Körperkontaktes genau auf die Bedürfnisse ihres Kindes abzustimmen; je feinfühliger dies geschieht und je besser die Abstimmung ist, desto mehr wird die sichere Bindung des Säuglings gefestigt. Eine Baby-Massage durch die Mütter, wie sie in vielen Kulturen üblich ist, fördert zweifelsohne die emotionale Bindung zwischen Mutter und Kind, allerdings nur, wenn sie feinfühlig ausgeführt wird. Gleichzeitig werden durch die Körperberührung und die damit verbundene Stimulation Hormone ausgeschüttet. An vorderster Stelle ist hier das Hormon Oxytocin zu nennen. Dieses hat vielfältige physiologische Funktionen: Wenn durch Körpermassage und Berührung Oxytocin ausgeschüttet wird, führt dies zu einer allgemeinen Öffnung der Blutgefäße, einer Senkung des Blutdrucks, einer Umstimmung des Nervensystems in Richtung von Beruhigung und Entspannung. Gleichzeitig hat das Oxytocin noch eine weitere Wirkung: Im Gehirn wirkt es auch als ein sogenanntes »Bindungshormon«, denn es vermittelt uns ein Gefühl der Vertrautheit gegenüber dem Menschen, der in unserer Nähe ist. Aus diesem Grunde wird es in der Presse oft auch als »Kuschelhormon« oder »Liebeshormon« bezeichnet. Wenn also die Mutter ihr Baby feinfühlig massiert, fördert dies auch das Gefühl des Säuglings von einer sicheren Bindung, von Nähe und Vertrautheit gegenüber seiner Mutter.

STRESSREGULATION UND BINDUNGSSICHERHEIT

Durch verschiedene feinfühlige Interaktionen, etwa durch Körperkontakt, gelingt es der Bindungsperson in der Regel, das Bindungsbedürfnis des Kindes, dessen Aktivierung beispielsweise durch Weinen zum Ausdruck gebracht wird, zu befriedigen. Wenn dies nicht geschieht und die Mutter den Säugling etwa nicht auf den Arm nimmt, wird dieser immer mehr weinen, bis er schließlich in einem panischen Zustand ist. Solche Zustände sind für den Säugling sehr erregend, weil sie seine Stressregulationen überfordern. Er wird hierbei ein Gefühl von Panik und Todesangst erleben und sich vollkommen ausgeliefert, ohnmächtig und alleine fühlen. Ist der Säugling erst einmal so in Panik, reagiert er auch auf Ansprache nicht mehr. Auf der körperlichen Ebene kommt es zu einer Erregung des Nervensystems, das für Kampf und Flucht verantwortlich ist (sympathisches Nervensystem). Weil aber für den Säugling Kampf und Flucht wegen seiner Unreife nicht möglich sind und er keine Möglichkeit hat, sich selbst aus einer stressvollen Situation zu befreien, wird er schließlich ganz plötzlich, von »jetzt auf gleich«, stumm werden und gleichsam »einfrieren«. Dies ist eine besondere Notfallreaktion des Gehirns in einer Paniksituation, die wir auch als »Abschalten« bezeichnen. Hierbei wird die Wahrnehmung etwa von Gefühlen wie Panik und Angst, aber auch von Schmerzen vom Gehirn ausgeschaltet. Der Säugling friert in seinem Verhalten nach außen praktisch alle Gefühle, allen Stress und alle Panik ein und stellt sich tot. Innerlich, in seinem Körper, bleibt die große Erregung aber erhalten. Dies führt dazu, dass der Körper auch noch viele Jahre später, selbst noch im Erwachsenenalter, mit Symptomen und Schmerzen reagieren kann, wenn frühe Schmerzerfahrungen in der Säuglingszeit »abgeschaltet« wurden und keine Bindungsperson dem Säugling in diesen Situationen panikartiger Erregung half. Von außen kann man beobachten, dass der Säugling plötzlich wie starr in eine Ecke schaut und nicht mehr ansprechbar ist bzw. auf Ansprache nicht mehr adäquat reagiert. Er ist geradezu – wie auf Knopfdruck – zu einer Statue erstarrt, während seine Muskeln und seine Motorik sehr angespannt sind. Eine andere Möglichkeit, mit einem solch großen Stress umzugehen, besteht darin, dass sich die große Erregung des sympathischen Nervensystems in ihr Gegenteil verkehrt und es zu einer schlaffen Erschöpfung des Säuglings kommt, die dazu führen kann, dass er einschläft. In einer solchen Situation kommt es praktisch zu einem Umschalten von der Übererregung des Kampf- und Fluchtsystems in ein anderes Nervensystem (das sogenannte parasympathische System). Dieses ist zum Beispiel für Schlaf, Verdauung und Entspannung zuständig. Auch hier werden die starken stressvollen Gefühle vom

Säugling »abgespalten« und es kommt, wie gesagt, zu einer Art Erschöpfung oder Erschlaffung. Auch diese Reaktion erfolgt aufgrund eines Notfallmechanismus, um eben der bedrohlichen Situation zu entrinnen. Die beiden geschilderten Situationen (mit Erstarrung oder Erschlaffung) sind in keiner Weise dabei hilfreich, dass sich eine sichere Bindung entwickelt.

Eine Bindungsperson sollte immer darauf achten, dass sie einem Säugling, der deutlich durch Weinen signalisiert, dass er Angst und somit ein Bindungsbedürfnis hat, hilft, indem sie ihn durch Körperkontakt beruhigt und seinen Stress reguliert, bevor er in panische Erregung gerät und womöglich durch Abschalten aller Stressäußerungen »einfriert« oder »erschlafft«.

VON DER FREMD- ZUR SELBSTREGULATION VON GEFÜHLEN UND STRESS

POSITIVES BEISPIEL Julia läuft mit ihren zwölf Monaten noch sehr wackelig durch die Gegend und erprobt mehr und mehr ihre neu gewonnene Fähigkeit. Dabei fällt sie immer wieder mal hin, steht auf und läuft weiter. Bei einem Sturz schlägt sie mit ihrem Kopf gegen die Kante des Tischbeins, weint laut und bleibt schließlich schreiend am Boden liegen. Ihre Mutter läuft zu ihr hin, nimmt sie auf den Arm, tröstet sie mit Körperkontakt, spricht mit ihr, hat Blickkontakt mit ihr und sagt: »Oh je, das muss wehtun, puste puste«. Dabei wiegt sie ihr Kind und pustet vorsichtig auf die schmerzhafte Stelle des Köpfchens, woraufhin Julia sich ganz rasch wieder beruhigt, vom Arm heruntermöchte, um ihre nächsten Laufversuche zu beginnen.

NEGATIVES BEISPIEL Eine Mutter sitzt mit ihrem 23 Monate alten Säugling Moritz auf der Parkbank vor dem Spielplatz, während sie gleichzeitig mit ihrem Handy telefoniert. Der Junge möchte vom Arm und läuft zum Spielen auf den Spielplatz. Dabei stolpert er plötzlich, fällt hin und stößt sich den Kopf an einem dicken Stein. Die Mutter sieht dies, dreht sich aber weg und schaut in eine andere Richtung, während sie weiter telefoniert. Der kleine Moritz weint immer lauter, brüllt schließlich wie in Panik, ohne dass seine Mutter darauf eingeht. Schließlich reagiert sie doch, indem sie ihn anbrüllt und ihn auffordert, mit dem Weinen aufzuhören und weiterzuspielen; sie sei schließlich extra zum Spielplatz mit ihm gefahren, damit er spiele und Spaß habe, und nicht, damit er rumbrülle. Während der ganzen Zeit telefoniert sie weiter. Schließlich hört Moritz abrupt auf zu weinen, als wenn man einen Schalter umgelegt hätte, schaut unter hoher Anspannung einfach ins Leere und vor sich hin und wirkt wie zu einer Statue erstarrt. Er sitzt dort ungefähr vier bis fünf Minuten lang, ohne sich zu bewegen, bevor er sich schließlich langsam aus dieser Erstarrung löst und motorisch verlangsamt weiterkrabbelt; zu laufen ist ihm jetzt, nachdem er diesen Stress erlebt hat, nicht mehr möglich. Er muss auf eine frühere Entwicklungsstufe, das Krabbeln, zurückgreifen. Schließlich beginnt er wieder zu laufen und fällt erneut hin und beginnt erneut zu weinen, woraufhin die Mutter wutentbrannt zu ihm geht, ihn am Arm hochzieht, ihn anbrüllt, ihm einen Klaps auf den Po gibt und ihn schimpfend fragt, warum er sich beim Laufen so dumm anstelle, dass er ständig hinfalle und sich weh tue, ob er denn nicht aufpassen könne. Hieraufhin brüllt Moritz nochmals laut auf, streckt die Ärmchen zur Mutter aus, möchte auf den Arm genommen und getröstet werden, die Mutter dreht ihn aber um und schickt ihn weg, während sie selbst zurück zur Parkbank geht. Daraufhin brüllt Moritz noch lauter, bis er schließlich wieder abrupt in sich zusammensackt, ganz schlaff wird und sich auf den Boden legt. Plötzlich muss er sich erbrechen und bleibt dort erschöpft liegen. Es sieht fast so aus, als wolle er gerade einschlafen, aber er hat die Augen offen und schaut ganz abwesend ins Leere.

FAZIT Für Eltern ist es ausgesprochen wichtig zu wissen, dass Säuglinge selbst noch nicht in der Lage sind, größeren Stress ausreichend zu regulieren, sich also auch nicht selbst beruhigen können. Sie brauchen daher von Anfang an mindestens eine Bindungsperson, die durch feinfühligen Körperkontakt, etwa zärtliche Berührung, Blickkontakt und verständnisvolle Worte ihren Stress mit ihnen zusammen reguliert und Stress abbauen hilft (Fremdregulation). Auf diese Weise vermittelt die Bindungsperson dem Säugling auch zugleich das Gefühl von emotionaler Sicherheit. Erst durch viele solcher hilfreichen Erfahrungen der Fremdregulation lernt der Säugling, wie Stressregulation möglich wird. So wächst schließlich im Laufe der Zeit – durch die vielen gemeinsamen Erfahrungen der feinfühligen Beruhigung durch eine Bindungsperson in stressvollen Situationen – auch seine Fähigkeit, Stress zunehmend alleine zu bewältigen (Selbstregulation).

DIE UNTERSCHIEDLICHEN ARTEN DER BINDUNG

Schon im Säuglingsalter entwickelt das Kind verschiedene Bindungsvariationen. Diese können als unterschiedliche Arten der Bindung schon am Ende des ersten Lebensjahres sehr genau erkannt und auch unterschieden werden. Folgende Bindungstypen können klassifiziert werden: eine sichere Bindung, eine vermeidende Bindung, eine ambivalente (zwiespältig-ängstliche) Bindung. Später werde ich noch kurz auf verschiedene Formen der pathologischen Bindung, wie die desorganisierte Bindung und die Bindungsstörung, eingehen.

Ungefähr 60 bis 65% aller Kinder entwickeln im Laufe des ersten Lebensjahres eine sichere Bindung zu ihrer Mutter; an den Vater binden sich ungefähr 55% der Kinder sicher. Dagegen zeigen ungefähr 25% der Kinder eine unsicher-vermeidende und ca. 10% eine unsicher-ambivalente Bindung zu ihren Müttern. Die verschiedenen Bindungstypen werden im Folgenden ausführlicher beschrieben.

DIE SICHERE BINDUNG

Die sichere Bindung eines einjährigen Säuglings ist dadurch charakterisiert, dass er auf Trennung mit Angst reagiert und sehr laut protestiert, weint und ruft, aktiv der Mutter hinterherläuft und die Bindungsperson sucht. Wenn die Mutter nach einer Trennung wieder zurückkehrt, zeigt er einen deutlichen Wunsch nach Körperkontakt, er möchte auf den Arm genommen und getröstet werden. Durch Körperkontakt lässt sich das sicher gebundene Baby in der Regel relativ rasch wieder beruhigen und kann nach wenigen Minuten von der Mutter wieder abgesetzt werden, weil es dann – beruhigt und in seinem Bindungsbedürfnis befriedigt – wieder weiter die Welt erkunden und zum Beispiel spielen möchte. Wichtig ist, dass die Beruhigungszeit nur wenige Minuten dauert. Wird das Kind allerdings zu früh abgesetzt, muss es manchmal für eine zweite kleine Beruhigungsphase erneut auf den Arm genommen werden, es erfolgt also eine kleine »Nachtröstung«.

Kinder mit einer sicheren Bindungsentwicklung hatten im Laufe des ersten Lebensjahres eine Pflegeperson, die mit hoher Feinfüh-

ligkeit auf ihre Signale eingegangen ist, die dies verlässlich getan hat, emotional für die Signale des Kindes verfügbar war, diese in der Regel angenommen und entsprechend adäquat und prompt beantwortet hat. Natürlich gab es Missverständnisse, in denen die Bindungsperson nicht wusste, was ihr das Kind eigentlich sagen wollte. Aber allein schon das Bemühen, es zu verstehen, wurde von dem Kind sehr deutlich wahrgenommen. Auch wenn die Mutter letztendlich keine endgültige Antwort auf das Signal fand, so wird doch allein dieses Bemühen vom Kind als sehr positiv erlebt und vermittelt ihm eine gewisse emotionale Sicherheit, weil die Mutter in dieser Zeit für seinen großen Stress emotional verfügbar ist.

Die Ursachen für das Entstehen einer sicheren Bindung liegen im Verhalten der Bindungspersonen. Bindungspersonen, die sich ihrem Säugling und seinen Signalen gegenüber im ersten Lebensjahr feinfühlig verhalten, haben in der Regel selbst sichere Bindungserfahrungen von Schutz, Unterstützung, emotionaler Feinfühligkeit mit ihren Bindungspersonen, also den Großeltern des Kindes, gemacht. Sie geben ihre sichere Bindung durch ihr feinfühliges Verhalten an ihre Kinder weiter.

BEISPIEL Der zweijährige Julian ist mit seinem Vater im Park, um die Enten zu füttern. Freudig läuft er mit Stückchen trockenen Brots in der Hand auf die Enten zu, um ihnen diese ins Wasser zu werfen. Die Enten schwimmen in großer Schar auf Julian zu; eine ganze Gruppe von Enten kommt angeflogen, weil sie alle erwarten, dass es Futter gibt. Julian war zunächst begeistert, ist jetzt aber plötzlich durch den Aufruhr der Enten erschrocken. Er dreht sich um, streckt die Ärmchen aus und läuft schnurstracks auf seinen Vater zu, der ihn kurzfristig auf den Arm nimmt, ihn einmal an sich drückt und tröstet; er spricht mit ihm darüber, dass er sich so erschrocken hat und Angst bekam, als die Enten aufflogen. Dann geht er mit ihm auf dem Arm die Entenschar beobachten. Jetzt gewinnt Julian wieder Zuversicht und fasst Vertrauen. Er möchte vom Arm des Vaters runter, läuft aber noch nicht wieder alleine zu den Enten. Er nimmt den Vater an der Hand und möchte mit ihm zu den Enten gehen, zuerst langsam und immer ein bisschen näher. Der Vater lässt sich von ihm bereitwillig an der Hand führen, solange Julian Sicherheit und Unterstützung braucht. Wenn er als Großer neben ihm steht und ihm Schutz und Sicherheit gibt, kann er schließlich sogar seine Hand loslassen und Julian kann mit beiden Händen den Enten die Brotstückchen zuwerfen. Schließlich ist Julian von Enten umringt, die freudig das angebotene Brot aufpicken. Der Vater steht stolz neben ihm. Als er sein Smartphone aus der Tasche zieht, um einige Meter zurückzugehen und ein Foto zu knipsen, nimmt Julian dies zunächst gar nicht wahr, sondern bleibt freudig stehen und füttert die Enten, die sich nun in großer Schar um ihn herum versammelt haben. Er hat in diesem Moment keine Angst, weil der Vater in seiner Fantasie offensichtlich noch neben ihm steht. Als der Vater ihn ruft und ihn bittet, doch zu ihm und in die Kamera zu schauen, nimmt Julian plötzlich wahr, dass der Vater gar nicht mehr neben ihm steht. Er bekommt einen Schreck und streckt die Ärmchen zum Vater aus, kann nicht mehr fortfahren, die Enten zu füttern, ruft dem Vater zu, er solle ganz schnell zu ihm kommen, denn er habe Angst vor den Enten. Erst als der Vater ihm zusichert: »Ich bin ja da, es ist alles okay«, seufzt Julian vor Erleichterung. Schon hat der Vater das Foto gemacht und tritt wieder einige Schritte vor, um neben Julian zu stehen. Jetzt ist die Welt wieder in Ordnung, und Julian kann sich freudig dem Füttern der Enten widmen. Er berichtet jetzt dem Vater, welche Ente welche Brotstückchen von ihm genommen hat, welche die hübscheste ist und welche am gierigsten frisst. Es wird deutlich, welch großen Spaß er mit Unterstützung und im Beisein des Vaters daran hat, die Welt der Enten zu erkunden. Als das Brot zu Ende ist, trollen sich die Enten langsam davon, woraufhin Julian die Hand des Vaters ergreift, zu ihm aufschaut und sagt: »Immer Enten gehen«. Als er nach Hause kommt, erzählt er seiner Mutter ausführlich von den verschiedenen Enten und davon, was er alles am Ententeich erlebt hat. Diese wunderbare Erfahrung wäre ihm nicht möglich gewesen, wenn der Vater nicht so feinfühlig auf sein Bedürfnis nach Unterstützung und Hilfestellung reagiert hätte, denn nur aufgrund der Nähe seines Vaters und der dadurch entstandenen Bindungssicherheit konnte er die wunderbare Welt der Enten erfahren.

DIE UNSICHER-VERMEIDENDE BINDUNG

Kinder mit diesem Bindungstyp zeigen bei der Trennung von ihrer Bindungsperson kaum oder wenig Protest, was sehr auffällig ist, besonders im Vergleich mit sicher gebundenen Kindern. Ja, sie ignorieren die Bindungsperson in einer Trennungssituation geradezu, signalisieren nach außen, dass sie die Trennung überhaupt nicht wahrgenommen oder mit ihr kein emotionales Problem hätten. Für Außenstehende reagieren sie auf die Trennungen ausgesprochen »cool«. Kehrt die Bindungsperson nach der Trennung wieder zurück, begrüßen sie diese nicht, sie schauen eher weg und zeigen weder Freude noch Erregung, gehen auch nicht auf die Bindungsperson zu, um auf den Arm genommen zu werden. Ganz im Gegenteil, sie zeigen dieser eventuell deutlich die kalte Schulter, wenden sich von ihr ab und vergrößern eher die Distanz. Diese aktive Abwendung von der Bindungsperson bei deren Rückkehr ist sehr auffällig.

Auch das Entstehen der unsicher-vermeidenden Bindung hat mit dem Verhalten der Bindungspersonen zu tun: Bindungspersonen, deren Säuglinge eine unsicher-vermeidende Bindung entwickeln, weisen in Situationen, in denen das Bindungsbedürfnis des Kindes aktiviert ist – die Kinder also Angst haben und weinen, weil sie Schutz und Sicherheit suchen –, die betreffenden Signale eher zurück und vermitteln ihrem Kind, dass es mit dem Stress schon alleine zurechtkommen werde und auf gar keine Weise Körperkontakt, Hilfe und Unterstützung benötige. Solche Bindungspersonen sind sehr auf die Autonomie ihres Kindes bedacht. Sie wollen, dass es bei möglichst wenig Weinen, Körperkontakt und Nähe sowie Unterstützung sehr frühzeitig stressvolle Situationen alleine für sich regeln kann. Da die Kinder im Lauf des ersten Lebensjahres auf ihre Signale oft weniger feinfühlige Antworten bekommen, sondern eher Zurückweisung und Ablehnung erfahren, ist es nicht verwunderlich, dass sie mit der Zeit lernen, diese Signale gegenüber ihrer Bindungsperson überhaupt nicht mehr zu zeigen. Vielmehr bremsen sie sich darin und unterdrücken ihre Bedürfnisse nach Nähe und Zuwendung. Eine solche aktive Unterdrückung des Protestes und des Weinens sowie des Suchens nach Körperkontakt bei Stress und Angst wird somit im Verlauf des ersten Lebensjahres zu einem wiedererkennbaren Muster. In den Augen der Bindungspersonen selbst sind diese Kinder nach außen autonom, zufrieden und können mit Trennungen hervorragend umgehen. Sie verkörpern das »deutsche Ideal« der kindlichen Bindung – ein Kind, wie es sich viele Eltern für das Säuglings- und Kleinkindalter wünschen. Sie können sehr rasch und wechselnd bei verschiedenen Personen – heute bei der einen Babysitterin, morgen bei der anderen – »deponiert« werden; sie brauchen scheinbar keine langen Eingewöhnungszeiten. Eine Trennung von der Bindungsperson ist für sie vemeintlich kein größeres emotionales Problem. Zumindest erscheint ihr Verhalten nach außen als autonom und trennungsresistent. Aufgrund der Forschung wissen wir aber, dass diese Kinder nicht in sich ruhen und solche Trennungssituationen durchaus nicht stressfrei erleben. Genau das Gegenteil ist der Fall. Untersuchungen des Herzschlags und der Herzfrequenz sowie des Hautwiderstandes und auch die Messungen – zum Beispiel im Speichel – des Stresshormons Cortisol haben gezeigt, dass diese Kinder in Trennungssituationen genauso wie die bindungssicheren Kinder mit einer stressvollen Aktivierung ihres Körperbindungssystems reagieren: Der Puls schlägt schneller und sie schütten deutlich Stresshormone aus. Im Unterschied zu sicher gebundenen Kindern haben bindungsvermeidende Kinder bis zum Ende des ersten Lebensjahres aber bereits gelernt, solche stressvollen Bindungssignale nicht mehr nach außen zu zeigen. Vielmehr lassen sie ihre Bindungsperson in dem Glauben, dass sie gar keine körperliche Nähe oder Beruhigung brauchten. Sie spielen also ihrer Bindungsperson ganz aktiv etwas vor, was ihrer physiologischen Erregung und ihrem inneren Stresserleben nicht entspricht. Sie tun dies, weil sie mit der Zeit herausgefunden haben, dass es für den Erhalt der Beziehung zu ihrer Bindungsperson viel besser ist, solche Signale der Suche nach Nähe und Schutz nicht zu zeigen, denn sie werden von den Bindungspersonen ja ärgerlich zurückgewiesen und nicht positiv beantwortet. Es ist verständlich, dass diese Kinder öfters über körperliche Symptome wie Kopfschmerzen, Bauchschmerzen, Übelkeit, Schlafstörung und Erbrechen klagen, weil der vorhandene und erlebte Stress nicht einfach verschwunden ist, sondern eben körperlich wahrgenommen wird. Da er aber nicht nach außen über Weinen, Nähesuchen, Kontakt, Körperberuhigung durch die Bindungsperson reguliert werden kann, bleibt der Stress andauernd hoch und sucht sich schließlich über Körpersymptome seinen Ausdruck. Es kann also sein, dass ein solches Kind mit einer unsicher-bindungsvermeidenden Art auf Trennungssituationen – wie nach einer zu kurzen Eingewöhnungszeit in der Krippe – zunächst einmal nicht mit äußerlich sichtbaren Stresszeichen reagiert und nach außen nach wenigen Tagen problemlos damit zurechtzukommen scheint. In der Situation der Trennung von der Mutter oder der Erzieherin sind kein Weinen, kein Protest und auch kein Anklammern zu beobachten. Bei genauerem Hinsehen würde aber deutlich, dass das Kind angespannt ist und auch nicht so ausgiebig erkunden kann wie ein bindungssicheres Kind. Es könnte auch passieren, dass das Kind nach wenigen Tagen an einem fieberhaften Infekt erkrankt, weil sein Immunsystem durch die körperlich erlebte Stressreaktion in Folge der Trennung doch sehr belastet wird.

Eltern mit bindungsvermeidenden Kindern, die sich gegenüber den Bindungssignalen ihrer Kinder eher ablehnend und zurückweisend verhalten, haben selbst in der Kindheit häufiger durch ihre Eltern, sprich: die Großeltern des Kindes, erlebt, dass sie in stressvollen Situationen zurückgewiesen und nicht getröstet wurden. Wenn sie etwa gestürzt waren und sich verletzt hatten, weinten und Schmerzen hatten, erhielten sie von ihren Eltern Antworten wie: »Das macht nichts! Ist alles nicht so schlimm! Stell dich nicht so an! Selber schuld, warum bist du auch dort langgelaufen! Wer nicht hören will, muss fühlen! Ein Junge weint nicht!« Oder sie mussten es lange aushalten, allein zu sein, etwa in der Nacht, die Eltern reagierten nicht auf ihr Weinen, vielleicht wurde sogar mit ihnen geschimpft, wenn sie protestierten. So haben die Eltern schon sehr früh von ihren eigenen Eltern gelernt, dass Bindungssignale nicht mit Körperkontakt, Schutz und Trost beantwortet werden, sondern eher mit Zurückweisung, Ignorieren, Bagatellisieren, Lächerlich-Machen oder gar mit aktiver Anklage und Schuldvorwürfen. Genau diese Verhaltensweisen geben sie an ihr eigenes Kind im Lauf des ersten Lebensjahres weiter, so dass es nicht verwunderlich ist, dass Kinder von bindungsvermeidenden Eltern am Ende des ersten Lebensjahres ebenso bindungsvermeidende Strategien in stressvollen Situationen zeigen.

BEISPIEL David ist 20 Monate alt. Er ist motorisch schon sehr geschickt und er klettert gerne. Er lässt keine Gelegenheit aus, auf Stühle, Sofas oder gar Tische zu klettern. Am Spielplatz angekommen, ist er begeistert von den neuen Klettergerüsten, die er dort sieht und vorfindet. Die Mutter sitzt auf der Bank, schaut seinen Kletterversuchen interessiert zu und ermutigt ihn mit Zurufen. Als er schließlich abrutscht und vom Klettergerüst herunterstürzt, dabei mit dem Gesicht aufschlägt und seine Nase blutet, ruft die Mutter von der Parkbank: »Das macht nichts, versuche es erneut, auf geht's!« Hierbei ignoriert sie vollkommen seinen Schmerz, die blutige Nase und seine Verzweiflung. David kommt mühsam, erschöpft und verzweifelt auf sie zugelaufen, möchte auf ihren Schoß und getröstet werden, sie nimmt ihn auf den Arm, dreht ihn in der Luft um, setzt ihn wieder ab und schickt ihn erneut in Richtung Klettergerüst, um ihn zu ermutigen, mit dem Klettern fortzufahren. Dabei ignoriert sie vollkommen sein aktiviertes Bindungsbedürfnis nach Körperkontakt, Trost und Schutz und auch die blutende Nase: »Deine Nase wird noch öfter bluten in deinem Leben«. David muss sich schließlich selbst beruhigen, er sitzt weinend und schniefend vor der Mutter, starrt eine Weile vor sich hin, bis er sich schließlich wieder in Richtung Klettergerüst begibt. Aber er kann nun überhaupt nicht mehr entspannt und ausgedehnt klettern, schon gar nicht mit Spaß und Freude, wie er das vorher gemacht hat. Er steht eher lustlos am Klettergerüst, und von außen betrachtet hat man den Eindruck, er wisse jetzt gar nicht, was er machen soll. Es wird deutlich, dass er seinen Stress eigentlich noch nicht reguliert hat, weil ihm eine bindungssichere Hilfestellung, wie etwa mütterliche Trostrituale und das mitfühlende Versorgen der blutenden Nase, versagt worden ist.

Dieses Beispiel ist eine typische Schilderung von unfeinfühligem Verhalten einer bindungsvermeidenden Mutter gegenüber ihrem Kind. Es ist nicht verwunderlich, dass sich, wenn ein Baby im ersten Lebensjahr viele Verhaltensweisen dieser Art erlebt, daraus schließlich eine Verhaltensstrategie entwickelt, bei der sich das Kind innerlich sagt: »Wenn ich Schmerzen habe, wenn ich mich

getrennt von meiner Bindungsperson fühle, ängstlich bin, ist es vollkommen zwecklos, zu meiner Bindungsperson zu laufen und nach Schutz und Trost zu fragen, denn ich werde höchstwahrscheinlich nur zurückgewiesen. Aus diesem Grunde ist es besser, ich versorge mich selbst und versuche, mich alleine zu beruhigen, so gut es eben geht, weil dies die bestmögliche Art ist, mit meiner Mutter einen positiven Kontakt aufrechtzuerhalten. Wenn ich zu häufig und zu oft zu ihr komme und nach Trost frage, wird sie nur ärgerlich, zurückweisend und schreit mich womöglich an. Das würde mir noch mehr Angst machen und meinen Wunsch nach Trost verstärken. Aus diesem Grund äußere ich besser meine stressvollen Gefühle gegenüber meiner Mutter nicht, auch wenn ich, so klein wie ich bin, noch nicht weiß, wie ich damit umgehen soll.«

UNSICHER ZWIESPÄLTIG-ÄNGSTLICHE BINDUNG

Unsicher zwiespältig-ängstlich gebundene Kinder – in der Forschung wird dieses Muster als unsicher-ambivalent bezeichnet – zeigen in Trennungssituationen oder in Angst machenden Situationen, die ihr Bindungsbedürfnis aktivieren, sehr deutlich ihren Stress. Sie weinen sehr laut und sehr schnell, rufen, protestieren, sind nach außen deutlich sichtbar gestresst. Schon bei kleinsten Trennungen reagieren sie heftig mit Angst und lautem Weinen, so dass es für ihre Mütter oft sehr schwierig ist, auch nur in den nächsten Raum oder zur Toilette zu gehen. Auch bindungssichere Kinder weinen sehr laut und deutlich, so dass in der Phase der Trennung bindungssichere und bindungs*un*sichere zwiespältig-ängstliche Kinder nicht voneinander unterschieden werden können. Der entscheidende Unterschied zwischen diesen beiden Bindungstypen besteht in der Reaktion des Kindes, wenn die Mutter wieder zurückkommt und es tröstet. Auch Mütter mit einem eigenen zwiespältig-ängstlichen Bindungsmuster nehmen ihre Kinder auf den Arm und trösten sie, ganz ähnlich, wie dies bindungssichere Mütter tun. Während sich das bindungssichere Kind aber relativ rasch beruhigt und sich schon nach wenigen Minuten wieder absetzen lässt, weil es aktiv zum Erkundungsspiel zurückkehren möchte, klammert sich das bindungsunsichere zwiespältig-ängstliche Kind einerseits vielleicht mit den Ärmchen fest und tritt gleichzeitig mit den Füßen gegen die Mutter. Es zeigt also ein Bindungsbedürfnis und den Wunsch nach Nähe, während es zugleich durch das Treten mit den Füßchen Bindungsvermeidung zum Ausdruck bringt. Bei den zwiespältig-ängstlich gebundenen Kindern sind klassischerweise die Bindungssuche und die Bindungsvermeidung zur einer Kompromissbildung in einem zwiespältig-ängstlichen Muster geformt worden. Bei bindungsunsicher zwiespältig-ängstlichen Kindern dauert es sehr lange, bis sie sich auf dem Arm der Mutter beruhigt haben. Schon nach kurzer Trennung kann es 10–15 Minuten dauern. In dieser Zeit quengeln sie weiter, suchen einerseits Nähe, wollen gleichzeitig aber auch vom Arm herunter. Setzt sie die Mutter dann zum Spielen ab, wollen sie sofort wieder auf den Arm genommen werden, so dass es ein Herauf und Herunter vom Arm der Mutter gibt, was sehr deutlich die zwiespältig-ängstliche Bindung dieser Kinder zum Ausdruck bringt. Sie sind für ihre Mütter sehr anstrengend, weil sie so widersprüchliche Signale senden. Wenn die Mutter jeweils auf das eine Signal, zum Beispiel das Suchen von Nähe, eingeht, erfolgt meistens unmittelbar anschließend das gegenläufige Signal, nämlich die aktive Vermeidung von Nähe bzw. die Distanzierung oder auch ein aggressives Verhalten mit Distanzierung. Dieses Verhalten verunsichert die Mütter natürlich sehr.

Die Eltern von unsicher zwiespältig-ängstlich gebundenen Kindern haben in der Regel auch selbst durch ihre Eltern erfahren, dass Bindungssignale manchmal positiv mit Schutz und Sicherheit vermittelndem Verhalten beantwortet wurden, dass sie manchmal aber auch mit ihren Wünschen von den Eltern zurückgewiesen wurden. Das Entscheidende ist, dass sie nie genau wussten, wann und in welcher Weise ihre Eltern reagieren würden, es war also für sie nicht vorhersehbar, wann die Eltern schützend eingreifen und wann sie gleichzeitig mit Zurückweisung auf ihre Bindungswünsche antworten würden. Genau diese Erfahrungen haben die Eltern in der Regel selbst sehr bindungsunsicher zwiespältig-ängstlich werden lassen, so dass sie dieses Muster jetzt auch durch entsprechendes Verhalten an ihre eigenen Kinder weitergeben. Es kann beobachtet werden, dass die Mutter ihren Säugling, der sich ängstlich erregt an sie wendet, auf den Arm nimmt, ihn mit Körperkontakt tröstet, ihm vermittelt, dass sie da ist und ihn schützt, gleichzeitig aber als eine »Doppelbotschaft« immer wieder ärgerlich dazwischensagt: »Jetzt ist es aber gut, hör jetzt endlich auf mit dem Jammern, was soll das eigentlich«. Dann aber tröstet sie ihr Kind weiter, indem sie sagt: »Ich bin da, es ist alles okay, es wird alles wieder gut.« Das Kind weiß letztendlich nicht, auf welche Reaktion seiner Bindungsperson es sich wirklich verlassen soll. Wenn die Mutter es beruhigt, kommt das Bindungssystem zur Ruhe, wenn sie im gleichen Atemzug dem Kind Vorwürfe macht oder ärgerlich auf seine Bindungssignale reagiert, wird das Bindungsbedürfnis des Kindes wieder aktiviert. Aus diesem Grund ist es nicht verwunderlich, dass der Säugling im gleichen Augenblick wieder zu weinen beginnt. Diese Doppelbotschaften machen verständlich, warum diese Kinder sehr lange brauchen, bis sie sich wieder beruhigt haben.

BEISPIEL Helena geht mit ihrer Mutter an der Hand spazieren. Am Bürgersteig ist ein kleines Mäuerchen, auf das sie klettern möchte, um darauf entlang zu balancieren. Sie läuft darauf zu und fängt an hinaufzusteigen. Die Mutter ermahnt sie daraufhin, sie solle dies lassen, sie möchte nicht, dass Helena auf das Mäuerchen steigt. Helena protestiert aber und will es trotzdem versuchen, woraufhin die Mutter ihr eine Hand gibt und ihr beim Balancieren hilft. Jetzt möchte Helena die Hand lösen und ganz alleine auf dem Mäuerchen laufen. Dies möchte die Mutter aber nicht und fordert Helena auf, sofort wieder herunterzukommen. Helena protestiert und möchte es doch versuchen. Sie läuft auf dem Mäuerchen ein bisschen von der Mutter weg, schließlich stürzt sie und fällt. Die Mutter kommt daraufhin zu ihr, nimmt sie liebevoll auf den Arm, tröstet sie. Helena schluchzt in ihren Armen. Gleichzeitig muss sie hören, wie die Mutter sagt: »Ich hab's dir gleich gesagt, du hättest da nicht raufklettern sollen, das ist viel zu gefährlich.« Daraufhin weint Helena noch lauter, woraufhin die Mutter sie wiederum tröstet und sagt: »Es wird alles wieder gut und du wirst das schon noch lernen«. So geht es eine Weile hin und her, und es dauert doch ganze 10 Minuten, bis Helena sich nach dieser kleinen »Welterkundung« des Balancierens auf dem Mäuerchen wieder beruhigt hat. Schließlich läuft sie brav an der Hand der Mutter weiter, mit einem Auge schielt sie immer noch nach dem Mäuerchen, macht aber keine Anstalten mehr, dort hinaufzuklettern und ihre Erkundung fortzusetzen.

In der Regel zeigen bindungsunsicher zwiespältig-ängstliche Kinder über die Zeit hinweg ein weniger ausgeprägtes Erkundungsverhalten, weil sie dazu auch von ihren Bindungspersonen gewöhnlich nicht so sehr ermutigt wurden. Häufiger sehen wir, dass sowohl die Mutter wie auch ihr Kind ängstlich miteinander verbunden sind und Trennungen ausgesprochen schwerfallen, weil die Mutter die Gefahren der Erkundung immer stärker betont hat. Deswegen wird dieser Bindungstyp auch als zwiespältig-ängstlich bezeichnet. Nach dem Gesagten ist es verständlich, dass Kinder mit einer zwiespältig-ängstlichen Bindung in ihrer Erkundungsfreude gebremst sind. Daher sind bei diesen Kindern auch die Strecken, die sie sich von der Mutter entfernen, um eigene Erkundungswege zu gehen, viel kürzer als bei bindungssicheren Kindern. Schon im ersten Lebensjahr nutzen diese Säuglinge die Mutter als sichere Basis, um von dort aus ihre »großen« Erkundungsreisen zu starten. Bindungsunsichere zwiespältig-ängstliche Kinder dagegen sitzen näher bei ihrer Mutter und geben vor, dass sie gar nicht so weit wegwollen und die Welt nicht so intensiv erkunden wollen. Sie haben bereits bis zum Ende des ersten Lebensjahres gelernt, dass die Welt doch viele Gefahren birgt. So haben sie sich schließlich aus Angst damit abgefunden, in der Nähe der Bindungsperson zu bleiben. Wenn nämlich auf seiner Erkundungstour etwas schiefginge oder Angst auftauchen würde, dann erführe das Kind, wie es weiß, zwar Trost, würde gleichzeitig aber auch für sein forsches Erkunden ausgeschimpft und bekäme keine weitere Ermutigung. Das Kind passt also sein Erkundungsbedürfnis an die Mutter an; es erkundet weniger, als es möchte, weil es sich auf die Ängste der Mutter einstellt. Diese Kinder sind bereits im Krippenalter weniger erkundungsfreudig. Sie haben aus Angst einen Teil ihres Erkundungsinteresses und ihrer Neugier zu Gunsten von mehr Nähe zur Bindungsperson aufgegeben. Eigentlich sollte mit mehr Nähe auch das Gefühl von Sicherheit ausgeprägter sein, aber das Gefühl von Sicherheit ist nur relativ, weil es ja eine zwiespältig-ängstliche Sicherheit ist. Wenn es ihnen nämlich wirklich schlecht geht und ihr Bindungsbedürfnis aktiviert ist, können diese Kinder nicht damit rechnen, eindeutig und unmissverständlich getröstet zu werden. Sie müssen gleichzeitig darauf gefasst sein, auf dem Arm der Mutter auch wegen ihres Erkundungsverhaltens ausgeschimpft zu werden.

DIE WEITERGABE DER BINDUNGSMUSTER

Es gibt einen eindeutigen Zusammenhang zwischen den Bindungserfahrungen der Eltern, ihrem Verhalten gegenüber ihrem Säugling und den Bindungsmustern der Kinder. Viele Eltern, die in der Beziehung zu ihren eigenen Eltern selbst bindungssicher sind, verfügen über ausreichende Feinfühligkeit, um auf die Signale ihres Säuglings angemessen zu reagieren. Die Wahrscheinlichkeit ist deshalb sehr groß, dass ihr Kind am Ende des ersten Lebensjahres ebenfalls sicher an sie gebunden ist. Sie haben in der Regel bei ihren Eltern Schutz, Sicherheit und emotionale Unterstützung erfahren, so dass sie später auch die bindungssichere Entwicklung ihres eigenen Kindes auf feinfühlige Art und Weise fördern können.

Bindungsunsicher-vermeidende Eltern haben eher erfahren, dass ihre eigenen Bindungsbedürfnisse als Kind zurückgewiesen oder von den Eltern abgelehnt wurden. Sie können auf die Signale ihres eigenen Kindes jetzt nicht so feinfühlig eingehen, sie reagieren ebenfalls eher mit Zurückweisung und Ablehnung. Daher ist die Wahrscheinlichkeit sehr groß, dass ihr Kind sich – so wie sie selbst – auch bindungsunsicher-vermeidend entwickeln wird.

Eine ähnliche Wiederholung des Bindungsmusters über Generationen findet sich auch bei bindungsunsicheren zwiespältig-ängstlichen Eltern und ihrem Säugling. Dadurch, dass die Reaktionen der Eltern auf Bindungssignale widersprüchlich und ängstlich sind, so wie sie selbst es schon mit ihren eigenen Eltern erlebt haben, wird auch ihr Säugling am Ende des ersten Lebensjahres eher ein zwiespältig-ängstliches Bindungsmuster zeigen.

DIE VORTEILE EINER SICHEREN BINDUNG

Eine sichere Bindung ist ein psychischer Schutz für Kinder, auf den sie besonders dann zurückgreifen können, wenn das Leben sie mit psychischen Belastungen konfrontiert. Ganz allgemein ist eine sichere Bindung das stabile Fundament für eine gute Persönlichkeitsentwicklung. Sicher gebundene Kinder sind nämlich gegen psychische Belastungen widerstandsfähiger, haben mehr Bewältigungsmöglichkeiten, leben eher in freundschaftlichen Beziehungen, sind häufiger in Gruppen, verhalten sich in Konflikten prosozialer, weniger aggressiv und finden Lösungen, die sie aufbauen und ihnen weiterhelfen. Sie sind auch kreativer, flexibler, ausdauernder, ihre Lern- und Merkfähigkeiten, also ihre Gedächtnisleistungen, sind besser, ebenso ihre Sprachentwicklung.

Ein ganz besonders wichtiger und großer Vorteil ist mit dem sicheren Bindungsmuster verbunden: Bindungssichere Kinder haben schon im Kindergartenalter eine größere Fähigkeit zur Einfühlung, das heißt, sie können sich in die Gefühle, Gedanken und Handlungsabsichten ihrer Spielkameraden, aber auch ihrer Eltern und anderer Bezugspersonen besser einfühlen. Diese besondere Fähigkeit zur Einfühlung ist vielleicht der größte Gewinn, den ein solches Kind aufgrund seiner sicheren Bindungsentwicklung hat. Es wird erwartet, dass sich diese Kinder auch als zukünftige Eltern besser in die Gefühls- und Gedankenwelt ihres eigenen Säuglings hineinversetzen können. Bindungssichere Kinder können schon im Kindergartenalter Folgendes nachvollziehen: »Ich fühle, dass du fühlst, dass ich fühle. Ich denke, dass du denkst, dass ich denke. Ich habe eine Handlungsabsicht, und ich weiß, dass du eine andere Handlungsabsicht oder ein anderes Ziel hast, aber wir können uns über unsere Gefühle, Gedanken und Handlungsabsichten austauschen. Die Art und Weise von Mutter oder Vater, zu fühlen, zu denken, zu handeln, ist nicht identisch mit meiner Art. Ich unterscheide mich in meinen eigenen Gefühlen, Gedanken und Handlungsabsichten von meiner Bindungsperson.« Dies ist die Grundvoraussetzung, um Beziehungen mit anderen einzugehen und um sich mit anderen auszutauschen, den anderen zu verstehen, Kompromisse zu finden oder auch dem anderen in seinem Glück oder seiner Not gefühlsmäßig nahe zu sein und zu wissen, dass dies von meinem Gegenüber auch wahrgenommen wird.

BEISPIEL Der fünfjährige Felix spielt ganz vertieft mit seinen Bausteinen und konstruiert tolle Gebäude. Die Mutter kommt zu ihm und sagt: »Felix, komm mal, wir müssen dringend einkaufen gehen, die Läden schließen bald, und wir haben noch nichts im Haus fürs Wochenende.« Felix schaut gar nicht auf, sondern sagt nur, dass er spielen wolle. Die Mutter sagt: »Ich weiß, dass du gerade mitten im Spiel bist und tolle Sachen baust, aber ich kann dich nicht alleine zu Hause lassen, das heißt, du musst mit mir mitkommen, wenn wir einkaufen gehen.« Felix erwidert: »Ich möchte gar nicht einkaufen, *du* möchtest einkaufen, *ich* möchte viel lieber jetzt hier spielen«. Daraufhin macht die Mutter ihm ein Angebot: »Wenn du schnell mit mir zum Einkaufen kommst, weil ich dich ja nicht alleine zu Hause lassen kann, und mir sogar noch hilfst, denn du bist doch gut im Finden von Sachen, dann sind wir ganz schnell mit dem Einkaufen fertig.« Felix verhandelt: »Wenn ich dir helfe und wir schnell mit dem Einkaufen fertig sind – spielst du dann noch mit mir, wenn wir zurückkommen?« Die Mutter antwortet: »Oh ja, das ist eine gute Idee, wenn wir schnell vom Einkaufen zurück sind, bleibt uns noch Zeit zum gemeinsamen Spiel.« Daraufhin Felix: »Dann musst du aber mit mir genauso lange spielen, wie wir auch zum Einkaufen gehen«. Die Mutter guckt etwas skeptisch und sagt: »Ich weiß nicht, wie viel Zeit genau uns heute noch zum Spielen bis zum Abendessen bleibt, aber wenn wir heute mit dem Bauen nicht fertigwerden, so können wir auch morgen, am Sonntag, noch ein bisschen weiterspielen. Da habe ich dann mehr Zeit«. Mit dieser Kompromisslösung ist Felix höchst zufrieden. Er steht auf und geht freudestrahlend mit der Mutter einkaufen, weil er sich auf das gemeinsame Spielen freut. Schon im Auto erzählt er der Mutter, was er gerade baut und wobei sie ihm dringend helfen sollte.

Dieses Beispiel zeigt, dass Felix bereits mit seinen fünf Jahren in der Lage ist, sich in die Ziele, Absichten und Bedürfnisse der Mutter einzufühlen. Dadurch wird es möglich, dass die beiden zusammen und respektvoll im Hinblick auf die jeweils unterschiedlichen Bedürfnisse und Wünsche des anderen – wie zwischen zwei kooperativen Partnern – einen Kompromiss finden. Hier findet ein solcher Austausch bereits zwischen einem Fünfjährigen und seiner Mutter statt. Gerade bei bindungssicheren Kindern ist dies in dieser Ausprägung möglich, weil sie sich so gut auch in die Absichten, Ziele und Gefühle anderer hineinversetzen können und wissen, dass auch ihre eigenen Gefühle und Handlungsabsichten zum Beispiel von ihren Bindungspersonen verstanden und berücksichtigt werden. Mit diesen Kindern ist es sehr leicht, Kompromisse auszuhandeln, wenn auch nicht immer alle Wünsche gleichzeitig in Erfüllung gehen können. Felix ist dies vollkommen klar, aber er kann es gut respektieren und trotz des Kompromisses schon Vorfreude auf das gemeinsame Spiel mit seiner Mutter erleben.

NACHTEILE EINER UNSICHEREN BINDUNG

Die beiden bindungsunsicheren Muster gelten als ein Risiko für die psychische Entwicklung. Dies bedeutet, dass bindungsunsichere Kinder gegenüber psychischen Belastungen nicht so widerstandsfähig sind. Sie entwickeln unter Belastung – wie sie etwa im Falle einer Scheidung der Eltern, bei einem Umzug oder dem Verlust eines Freundes auftreten – eher psychische Auffälligkeiten als bindungssichere Kinder.

In psychischen Belastungssituationen haben sie nicht so ausgeprägte Bewältigungsmöglichkeiten wie bindungssichere Kinder. Sie ziehen sich eher zurück, wollen alleine sein und weniger Hilfe in Anspruch nehmen; besonders bindungsvermeidende Kinder wollen Probleme eher für sich und alleine lösen.

Zwiespältig-ängstlich gebundene Kinder klammern sich eher an Bindungspersonen an und trauen sich keine eigenständige Lösung zu. Sie haben nicht so viele Freunde, sind nicht so gerne in Gruppen, lösen Konflikte eher durch aggressive Auseinandersetzungen, anstatt Kompromisse zu finden. Ihre Gedächtnisfähigkeiten, Lernleistungen, ihre Sprachentwicklung, Ausdauer, Flexibilität und ihre Teamfähigkeiten sind nicht so gut entwickelt wie bei bindungssicheren Kindern.

Auch die Fähigkeit zur Einfühlung ist nicht so differenziert und ausgeprägt wie die von bindungssicheren Kindern. Es fällt ihnen wesentlich schwerer, sich in die Gefühle, Gedanken und Handlungsabsichten der Spielkameraden oder der Erwachsenen hineinzuversetzen. Ihnen gelingt es auch nicht so leicht, ihre eigenen

Gefühle und Gedanken wahrzunehmen und diese anderen mitzuteilen. Gerade die Fähigkeit zur Einfühlung ist eine der großen Voraussetzungen, um später feinfühlig auch auf Signale der eigenen Kinder einzugehen und diesen zu helfen, auf einen bindungssicheren Weg zu kommen. Aus diesem Grunde ist es auch wahrscheinlicher, dass bindungsunsichere Kinder im Erwachsenenalter selbst wieder bindungsunsichere Kinder haben werden.

WENN DIE BINDUNG NICHT GELINGT

Wenn die Bindungsentwicklung nicht gelingt, können desorganisierte Bindungsmuster und Bindungsstörungen entstehen. Ich fasse diese Muster hier unter dem Begriff der *Bindungspathologie* zusammen. Dies bedeutet, dass bereits früh – im ersten Lebensjahr – pathologische Muster der Bindung etwa zwischen Eltern und Säugling im Gehirn des Kindes abgespeichert werden. Hierdurch werden maßgeblich das Bindungsverhalten sowie auch das Denken und Handeln in der Kindheit, aber auch im Erwachsenenalter auf pathologische Art und Weise bestimmt.

DESORGANISIERTE BINDUNG

Desorganisiert gebundene Kinder haben in der Regel Eltern, die selbst mit der Erfahrung eines unverarbeiteten Traumas belastet sind. Dieses Trauma kann durch den Verlust eines nahestehenden Menschen, eine Tot- oder Fehlgeburt oder auch durch die Erfahrung von Vernachlässigung oder Gewalt hervorgerufen worden sein. Wenn solche Erfahrungen nicht verarbeitet wurden, etwa durch eine Psychotherapie, besteht die große Gefahr, dass die Eltern ihre Angst und Hilflosigkeit auf den Säugling übertragen. Dies geschieht besonders dann, wenn das Verhalten des Säuglings die Eltern an die vergangenen eigenen traumatischen Erfahrungen erinnert und bei diesen alte Gefühle aus der Vergangenheit, die mit dem Trauma zusammenhängen – wie Angst, Scham, Wut, Trauer – wieder wachgerufen werden. In solchen Situationen können die Eltern nicht feinfühlig mit ihrem Kind umgehen. Sie bringen dann durch ihr Verhalten eher Angst, das Gefühl von Bedrohung oder auch Ohnmacht und Hilflosigkeit zum Ausdruck. Solche Verhaltensweisen sind dann für ihr Kind sehr beunruhigend und ängstigend. Es erlebt die eigenen Eltern in manchen Situationen dann als bedrohlich, aber nur dann, wenn die Eltern an ihr Trauma und die damit verbundenen Gefühle erinnert werden. In anderen Situationen erlebt es sie dagegen als emotional verfügbar, fürsorglich und schützend. Auf diese Weise können Kinder kein einheitliches inneres Bild von Bindungssicherheit gewinnen, sondern entwickeln ein desorganisiertes Bindungsmuster. Dies wirkt sich in Trennungssituationen so aus, dass die Kinder wegen der Trennung von der Mutter zwar weinen und protestieren, bei der Rückkehr der Mutter vielleicht auf diese zulaufen, auf halbem Wege aber plötzlich stehen bleiben, sich umdrehen, weglaufen, erstarren, Wutanfälle bekommen, also sehr widersprüchliche Verhaltensweisen zeigen. Manchmal kann man auch beobachten, wie die Kinder plötzlich mit auffälligen Verhaltensweisen reagieren, indem sie bestimmte Bewegungen ständig wiederholen, ohne dass dies einen

Sinn ergibt. Es kann auch beobachtet werden, dass die Kinder für kurze Momente wie »weggetreten« erscheinen. Solche tranceartigen Zustände sind sehr auffällig. Sie sind besonders dann zu beobachten, wenn die Kinder ein Bindungsbedürfnis haben, etwa wenn sie Angst und Trennung erleben. Diese tranceartigen Zustände müssen aber durch eine kinderärztliche Untersuchung in ihrer Ursache abgeklärt werden, weil sie gelegentlich Zeichen eines Anfallsleidens (Epilepsie) sein können.

Zeigt ein Säugling am Ende des ersten Lebensjahres ein solches desorganisiertes Bindungsmuster, so ist dies bereits mit einem großen psychischen Risiko verbunden. Dieses Bindungsmuster steht häufiger mit späteren psychischen Erkrankungen in Zusammenhang, die wiederum besonders nach psychisch belastenden Ereignissen auftreten können. Aus diesem Grunde sollten die Eltern für sich und ihr Kind auf jeden Fall psychotherapeutische Hilfe oder auch eine Beratung in einer psychologischen Beratungsstelle in Anspruch nehmen.

BEISPIEL Emil ist 18 Monate alt. Er wird bereits seit 6 Monaten in der Krippe betreut, in der er inzwischen gut eingewöhnt ist und auch eine bevorzugte Bezugserzieherin hat, die er aufsucht, wenn er Angst hat. Wenn er von seiner Mutter abgeholt wird, kann die Erzieherin immer wieder folgende Situation beobachten: Wenn die Mutter zum Abholen kommt, läuft Emil freudestrahlend auf sie zu, und die Erzieherin erwartet eigentlich, dass das Ausstrecken seiner Ärmchen jetzt dazu führt, dass er von der Mutter auf den Arm genommen wird. Kurz bevor Emil aber bei seiner Mutter ankommt, bleibt er plötzlich wie erstarrt stehen, schaut in Trance in eine Ecke, bewegt sich nicht mehr von der Stelle, ist wie erstarrt. Schließlich dreht er sich um, läuft in eine andere Ecke, bleibt dort wie in Trance stehen, wirft sich schließlich auf den Boden, bekommt einen Wutanfall. Er lässt sich von der Mutter auf den Arm nehmen und will auch getröstet werden. Auf dem Arm gerät er aber plötzlich erneut in

Trance, macht wiederholt kreisende Bewegungen mit seinen Händchen, die keinen Sinn ergeben. Er vermeidet dabei auffällig den Körperkontakt mit seiner Mutter. Diese ist irritiert, setzt ihn schließlich ab, woraufhin Emil weinend hinter ihr herläuft. Wenn sie sich umdreht und ihn erneut auf den Arm nehmen möchte, dreht er sich seinerseits um und läuft vor der Mutter davon. Wegen der tranceartigen »Anfälle« ist Emil bereits beim Kinderarzt untersucht worden, es liegt kein Anfallsleiden vor. Diese Verhaltensweisen werden von den Erzieherinnen nicht üblicherweise, sondern nur in der Wiederbegrüßungssituation mit der Mutter beobachtet. Manchmal taucht Ähnliches auch in der Trennungssituation von der Mutter am Morgen auf. Das geschilderte Verhalten ist typisch für ein desorganisiertes Bindungsmuster. Im Gespräch mit der Mutter stellt sich heraus, dass diese einige Jahre vor der Geburt von Emil zwei Fehlgeburten hatte, die noch in gar keiner Weise von ihr verarbeitet sind. Sobald sie anfängt, darüber zu sprechen, bricht sie in Tränen aus. Trennungssituationen und die Angst um ihr Kind sind etwas, das sie sehr beschäftigt und ihr viel Stress macht, so dass sie oft sehr ängstlich mit Emil umgeht. Manchmal fragt sie sich auch eher hilflos, wie sie auf seine Signale reagieren soll. Besonders die Trennungen fallen ihr sehr schwer, weil sie sich immer ausmalt, dass auch Emil etwas zustoßen und er das dritte Kind sein könnte, das sie verliert.

Dies ist ein typisches Beispiel dafür, wie ein ungelöstes Trauma der Mutter, hier der nicht verarbeitete Verlust von zwei Kindern durch Fehlgeburten, das Verhalten der Mutter gegenüber Emil beeinflusst. In Trennungssituationen zeigt sich diese Problematik besonders deutlich. Emil hat inzwischen ein desorganisiertes Bindungsmuster entwickelt, weil er erlebt, dass seine Mutter manchmal sehr feinfühlig und fürsorglich mit ihm umgeht, ihn in Trennungssituationen aber manchmal auch angstvoll anschaut und nicht loslassen kann oder ihm widersprüchliche Signale und Botschaften sendet, im Spektrum von »Nun geh in die Gruppe!« und

»Bleib lieber bei mir!«. So vermittelt sie ihm einerseits Zuversicht und die Sicherheit, dass es ihm in der Krippe gutgehen wird, andererseits signalisiert sie ihm in der Art des Abschieds und in der Umarmung sowie durch ihren Gesichtsausdruck: »Am besten würdest du bei mir auf dem Arm bleiben, weil das Leben so gefährlich ist und im schlimmsten Fall Kinder sterben können. Ich habe große Angst, dich zu verlieren. Daher würdest du eigentlich am besten nicht in die Kinderkrippe gehen.« Diese sehr widersprüchlichen Botschaften, die viel Angst und deutliches Unwohlsein zeigen – durch ängstliche Blicke, Mimik, Sprachmelodie und Körpersignale gegenüber Emil ausgedrückt –, lassen ihn in einem desorganisierten verwirrten Zustand zurück, so dass er zwischen Bindungssicherheit und Verunsicherung hin- und herschwankt. Er kann diese völlig widersprüchlichen Botschaften und Gefühle nicht integrieren. Es entsteht vielmehr ein desintegriertes oder desorganisiertes inneres Arbeitsmodell von Bindung. Je nachdem, welcher Anteil dieses Arbeitsmodells gerade in einer Bindungssituation bei Emil aktiviert wird, verhält er sich nach außen entsprechend widersprüchlich und wechselt zwischen Hinlaufen zur Mutter oder Weglaufen, tranceartigen Zuständen oder Wutanfällen. Es ist leicht vorstellbar, dass Emil auch später im Erwachsenenleben mit Trennungssituationen große Schwierigkeiten haben wird und auch in Situationen der Wiederbegegnung nach Trennungen ähnliche Verhaltensweisen zeigen könnte, was jeden Partner sehr irritieren würde.

BINDUNGSSTÖRUNGEN

Bindungsstörungen entstehen, wenn Säuglinge bereits im ersten Lebensjahr durch ihre Bindungspersonen verschiedenste Formen von Gewalt erfahren. Hierzu zählen emotionale und körperliche Vernachlässigung, Kränkungen mit Worten, körperliche und sexuelle Gewalt, aber auch das Miterleben von Gewalt zwischen verschiedenen Bindungspersonen. Auch häufige Trennungen mit Bindungsabbrüchen, ohne die Möglichkeit und ausreichend Zeit zum Abschiednehmen, können solche Bindungsstörungen bewirken. Die verschiedenen Typen von Bindungsstörungen und ihre Behandlung habe ich ausführlich in meinem Buch »Bindungsstörungen. Von der Bindungstheorie zur Beratung und Therapie« (vollständig überarbeitete und erweiterte Neuausgabe, Stuttgart, Klett Cotta, 2022) beschrieben.

Im Folgenden sollen nur zwei Formen von Bindungsstörungen kurz erläutert werden:

DIE UNDIFFERENZIERTE BINDUNGSSTÖRUNG: Manche Säuglinge wachsen in Familien oder Heimen unter den Bedingungen von emotionaler Vernachlässigung auf. Sie haben keine für sie besondere Person, die ihre spezifische Bindungsperson ist und die sich emotional auf sie einlässt, die für ihre Signale emotional verfügbar ist und auf diese feinfühlig reagiert. Als Folge dieser Vernachlässigung sind solche Säuglinge nicht nur kleinwüchsig, sie haben auch einen geringeren Kopfumfang als Kinder, die unter guten emotionalen Bedingungen aufwachsen. Sowohl die Wachstumshormone für Körperlänge als auch die Hormone, die im Gehirn das Netz der Verbindungen zwischen den Nervenzellen herstellen, werden unter den Bedingungen der emotionalen – und oft auch noch körperlichen – Vernachlässigung nicht ausreichend gebildet. Weiterhin haben diese Säuglinge auch ein auffälliges Bindungsverhalten: Schon im ersten Lebensjahr, aber noch auffälliger im zweiten und dritten Lebensjahr nehmen sie mit jedem Fremden auch unbegrenzt und wahllos Körperkontakt auf, wollen zu jedem Fremden auf den Arm, laufen mit ihm mit, sagen zu Fremden »Papa« und »Mama«. Sie verhalten sich also nach außen hin gegenüber Fremden vollkommen distanzlos und tun so, als ob jeder Fremde ihre vertraute Bindungsperson sei. Dieses Verhalten ist kein sicheres Bindungsverhalten, sondern eine soziale Anpassung an die Erfahrungen der emotionalen Vernachlässigung, da sich keine spezifische Bindungsperson emotional um diese Kinder – etwa im Heim – kümmerte. Daher versuchen diese Kinder über Körperkontakt, beliebige Menschen in ihrer Nähe für sich zu gewinnen, um bei ihnen Schutz und Sicherheit zu suchen. Diese Personen sind jedoch beliebig austauschbar und stehen eben nicht für eine spezifische Bindungsbeziehung.

Besonders häufig finden wir dieses Muster bei Kindern, die in emotionaler Vernachlässigung aufwachsen. Hier ist frühzeitig eine intensive Kinderpsychotherapie und eine Begleitung der Pflegepersonen notwendig, damit sich eine solche undifferenzierte Bindungsstörung in eine spezifische sichere Bindung – etwa zu Pflege- oder Adoptiveltern – verändert.

BEISPIEL Die vierjährige Sophia wurde mit 15 Monaten aus einem Kinderheim adoptiert. Heute wird sie erstmals von ihrer Adoptivmutter in den Kindergarten gebracht. Als sei sie schon lange in diesem Kindergarten zu Hause und mit allen ganz vertraut, läuft sie auf die erstbeste Erzieherin zu, springt dieser auf den Schoß, küsst und umarmt sie und sagt: »Bist du meine Mama?«. Als die Erzieherin dies verneint und sie auch wieder absetzt, läuft sie zur nächsten Erzieherin, und das Schauspiel wiederholt sich. Es ist höchst auffällig, wie die kleine Sophia wahllos alle Erzieherinnen hintereinander mit Körperkontakt begrüßt und dabei zwischen niemandem unterscheidet. Sie verhält sich so, als habe sie gar keine Angst oder sei überhaupt nicht aufgeregt.

Ein solches Verhalten ist typisch für Kinder mit dem Muster einer undifferenzierten Bindungsstörung. Damit Sophia dieses Bindungsmuster aufgeben kann, sind eine intensive Kinder-Spieltherapie und gute Beratung und Begleitung der Adoptiveltern notwendig. Unter diesen Bedingungen gibt es dann eine gute Chance, dass das Bindungsverhalten spezifischer wird. Dies hätte im weiteren Verlauf zur Folge, dass Situationen der Trennung von der Adoptivmutter auch nicht mehr so einfach ablaufen können und auch eventuell eine spezifischere Beziehung zu einer Lieblingserzieherin entsteht. Es ist wichtig, der Adoptivmutter und der Erzieherin zu erklären, dass der neu aufgetretene Trennungsprotest mit der Entwicklung einer spezifischeren Bindungsbeziehung zusammenhängt und als eine positive Veränderung zu werten ist. Unter solchen veränderten Bedingungen benötigen die Adoptivmutter und die Erzieherinnen eine Erklärung, denn das spezifischer werdende Bindungsverhalten ist für die Erwachsenen »anstrengender«. Gleichzeitig beinhaltet ein solcher Wandel aber ein großes Kompliment an alle, denn er bedeutet, dass das pathologische Muster der Bindungsstörung zu Gunsten eines sich entwickelnden sicheren Bindungsmusters vom Kind aufgegeben wurde.

BINDUNGSSTÖRUNG MIT HEMMUNG DES BINDUNGSVERHALTENS: Kinder, die schon sehr früh durch ihre Bindungsperson Gewalt erfahren haben, können auf diese oft nicht als sichere Basis zurückgreifen, wenn sie große Angst haben. Wir sehen dann Kinder, die in einer ängstigenden Situation, etwa wenn ein Hund bellt, vor ihrer Bindungsperson stehen und weinen, gestresst sind, Angst haben, aber nicht zu ihrer Bindungsperson gehen können, um sich etwa durch Körperkontakt wieder zu beruhigen und sich sicher zu fühlen. Es wird deutlich, dass diese Kinder – neben der durch das Hundegebell ausgelösten Angst und ihrer Suche nach Schutz – auch Angst vor ihrer Bindungsperson haben, weil sie oftmals in der Vergangenheit durch diese Gewalt erfahren haben. Ihre Bindungsbedürfnisse wurden nicht mit liebevollem Körperkontakt, Trost, Schutz und Sicherheit beantwortet, sondern mit Vorwürfen, Beschuldigungen, Demütigungen, Schlägen oder auch Zurückweisungen bis hin zu massiven Bedrohungen. Diese Kinder leben in einem großen Dilemma: Sie fürchten sich vor ihrer Bindungsperson und erleben sehr viel Angst. Deswegen suchen sie nach einer sicheren Bindungsperson. Da es aber keine andere Person vor Ort gibt als die, die sie bedroht, binden sie sich schließlich – pathologisch – an diese. Ich bezeichne diesen besonderen Vorgang der Bindungsentwicklung auch als eine »pathologische Bindung an den

Täter«. Mit »Täter« bezeichne ich die gewalttätige Bindungsperson. In der Regel stehen diese Kinder unter einem großen Dauerstress, weil sie die Bindungsperson zwar als Quelle von Angst erleben, sich letztlich in ihrer Not aber gerade an diese wenden müssen.

BEISPIEL Der dreijährige Paul ist mit seiner Mutter zum Impfen beim Kinderarzt. Er ist sehr neugierig, interessiert und schaut sich im Zimmer um. Er öffnet vorsichtig eine Schublade, woraufhin die Mutter ihn ausschimpft, dass er gefälligst diese Schublade zulassen solle. Paul schiebt daraufhin die Schublade mit Schwung wieder zu und klemmt sich dabei die Finger seiner linken Hand ein. Er schreit laut auf und ist vollkommen erschrocken und durcheinander. Daraufhin packt die Mutter ihn grob am Arm und reißt ihn von der Schublade weg, gibt ihm einen Klaps und schimpft ihn zusätzlich aus; sie schreit ihn an, er solle dies gefälligst lassen, sie habe ihm immer gesagt, er solle keine fremden Schubladen aufmachen. Wenn er dies noch mal tue, werde sie ihm den Hintern versohlen. Paul brüllt daraufhin wie am Spieß, kann aber die Mutter, die unmittelbar neben ihm steht, nicht für Schutz, Sicherheit und Beruhigung nutzen. Er hat Schmerzen an seinen Fingerchen, die in der Schublade eingeklemmt wurden. Weil die Bindungsperson »Mutter« aber von ihm in dieser Situation als bedrohlich erlebt wird, und das nicht zum ersten Mal, kann er sie nicht als Quelle von Schutz und Sicherheit für sich und zur Beruhigung nutzen. Er bleibt also wie angewurzelt stehen, schreit wie am Spieß, während die Mutter sich von ihm abwendet und ihn ignoriert.
Hier zeigt sich ein charakteristisches Muster; Paul verinnerlicht, wie er in ängstigenden Situationen von Schmerz und Gefahr durch seine Bindungsperson eher noch bedroht wird, statt von ihr Hilfe erwarten zu können. Er erlebt in dieser Situation großen Stress. Ohne Hilfe von außen kann er sich nicht selbst beruhigen, so dass sich dieses Muster der Bindungsstörung mit Hemmung über die Zeit verfestigt.

Auch hier ist therapeutische Hilfe notwendig. Paul müsste eine Spieltherapie besuchen, während gleichzeitig mit seiner Mutter gearbeitet wird, denn ihr Verhalten – mit körperlicher Grobheit – hat eine eigene Geschichte in ihrer Kindheit.

DIE WEITERGABE VON TRAUMATISCHEN BINDUNGS-ERFAHRUNGEN AN DIE NÄCHSTEN GENERATIONEN

Ich habe bereits beschrieben, wie das sichere Bindungsmuster ebenso wie das Muster der unsicher-vermeidenden und der unsicher zwiespältig-ängstlichen Bindung teilweise über Generationen hinweg von den Eltern auf die Kinder übertragen werden.

Ein ähnlicher Übertragungsmechanismus ist auch bei der desorganisierten Bindung und der Bindungsstörung wirksam. Es ist das Ziel des Programms »SAFE® – Sichere Ausbildung für Eltern«, den Eltern schon mit Beginn der Schwangerschaft zu helfen. Durch das Erlernen von feinfühligen Verhaltensweisen gegenüber Säuglingen sollen genau diese Teufelskreise der Weitergabe von Bindungsmustern über Generationen durchbrochen werden. Es ist

sehr gut möglich, dass Eltern feinfühlige Verhaltensweisen gegenüber ihrem zukünftigen Baby erlernen, auch wenn sie diese selbst als Kind durch ihre Eltern nicht erfahren haben. Solche Eltern, die traumatische unverarbeitete Erfahrungen aus ihrer Kindheit mitbringen, sollten frühzeitig, schon in der Schwangerschaft, eigene individuelle therapeutische Hilfe erfahren. So besteht eine Chance, dass sie unverarbeitete Verluste, Trennungen sowie auch im Einzelfall Gewalterfahrungen möglichst selbst verarbeitet haben, bevor sie diese Erfahrungen an ihre eigenen Kinder weitergeben.

FAZIT Unserer Erfahrung nach wünschen sich alle Eltern, dass sie die schönen Erlebnisse aus ihrer Kindheit an ihre eigenen Kinder weitergeben, und wollen die schlechten, sogar gewalttätigen auf gar keinen Fall mit den eigenen Kindern wiederholen. Die Praxis zeigt aber, dass genau dies sehr häufig passiert. Obwohl Eltern dies auf gar keinen Fall wollen, werden sie oft von eigenen Gefühlen und Erinnerungsbildern überrannt, etwa wenn ihr Baby weint. Mussten die Eltern als Kind selbst viel weinen, weil sie allein gelassen wurden, niemand kam, um sie zu trösten, wenn es ihnen schlechtging, mussten sie sogar weinen, weil sie Gewalt erfahren haben, dann werden sie jetzt, Jahre später, durch das Weinen des eigenen Babys im Inneren aufgewühlt. Der Schmerz und die alten Gefühle von Angst und Alleinsein werden in ihnen wieder wachgerufen und überwältigen sie. In solchen Situationen können sie ihre Gefühle und ihr Verhalten oft nicht mehr gut kontrollieren und steuern, sondern geraten außer sich, vor Angst, vor Wut, vor Schmerz und in Panik. Schließlich beginnen sie, wie in Trance und einem anderen Bewusstseinszustand, ihr Kind – entgegen ihren besten Vorsätzen – anzubrüllen, zu vernachlässigen, einfach wegzulaufen oder auch zu schlagen. In der Regel sind Eltern hierüber sehr betroffen, erschrocken, denn genau dies wollten sie ja eigentlich nicht tun. Aus diesem Grunde helfen wir Eltern schon sehr früh in der Schwangerschaft, auf einen sicheren Bindungsweg mit ihren Kindern zu kommen. Wir unter-

stützen sie auch, eigene individuelle psychotherapeutische Behandlung und Beratung in Anspruch zu nehmen, wenn die eigenen Kindheitserfahrungen nicht so gut waren, dass hieraus ein sicheres Bindungsmuster für ihre eigenen Kinder erwachsen könnte.
Die bisherigen Erfahrungen mit dem SAFE®-Programm zeigen, dass es möglich ist, dass Eltern auch bei ganz unterschiedlichen eigenen Kindheitserfahrungen am Ende des ersten Lebensjahres mit ihren Kindern eine sichere Bindungsentwicklung erreichen können. Dies ist ein großer Gewinn für die Persönlichkeitsentwicklung eines jeden Kindes, denn eine sichere Bindung geht mit sehr vielen Vorteilen für die emotionale, soziale, körperliche und geistige Entwicklung der Kinder einher.

SCHWANGERSCHAFT UND BINDUNG

Die Bindung der Mutter und des werdenden Vaters an den Fetus beginnt bereits während der Schwangerschaft. In der Forschung bezeichnet man diese Art der Bindung auch als »Bonding«. Sie intensiviert sich nach der Geburt und im Laufe des ersten Lebensjahres. Auch beim Fetus gibt es bereits während der Schwangerschaft in irgendeiner Weise die Entwicklung einer Bindung an seine Mutter, eventuell sogar schon an seinen Vater. Dies ist bis heute aber noch nicht messbar und erfassbar, so dass keine allgemein gültigen Aussagen gemacht werden können.

Die Entwicklung des Bondings der werdenden Eltern hängt sehr mit deren Fantasien zusammen, die sie bereits vor der Schwangerschaft haben und die sie während der Schwangerschaft weiterentwickeln. In der Regel haben Eltern bereits erste Vorstellungen davon, wie das Leben mit einem Kind sein wird, bevor die Mutter überhaupt schwanger wird. Während der Schwangerschaft sind es sehr ausgeprägte Fantasien über die Eigenschaften des Kindes, die die Eltern bereits beschäftigen und ihre emotionale Bindung an das Kind stärken oder auch schwächen können. Alle diese Vorstellungen sind sehr wirkmächtig und prägen bzw. beeinträchtigen schon vor der Geburt die emotionale Bindung der werdenden Eltern an ihr noch nicht geborenes Kind. So haben die Eltern in der Regel Fantasien über das Temperament ihres zukünftigen Kindes, seine Fähigkeiten, Widerstandskräfte, eventuell plagen sie schon Ängste in Bezug auf mögliche zukünftige Gefährdungen des Babys. Dies ist besonders dann der Fall, wenn Fehlgeburten und Totgeburten vorausgegangen sind. Die Eltern machen sich auch Gedanken darüber, welche Auswirkungen das Kind auf ihre eigene Persönlichkeit haben wird und ob es in gewisser Weise auch ihre Partnerschaft beeinflussen wird. Eltern können die Hoffnung haben, dass das Kind die Partnerschaft zusammenschweißen wird, aber auch befürchten, dass es die Partnerschaft gefährden, bedrohen oder gar zerstören könnte. All diese Fantasien – wohlgemerkt: Es sind nur Fantasien – beeinflussen, wie sich die Eltern emotional auf das Kind einstellen und was sie von ihm erwarten und wünschen.

BEISPIEL Die Mutter wünschte sich schon vor der Geburt eine kleine Leonie. Diese sollte zierlich, weiblich und mädchenhaft sein. Die Mutter stellte sich vor, dass Leonie einmal Ballett lieben, Malerei und klassische Musik bevorzugen würde und in jeder Hinsicht intelligent und begabt wäre. Sie sollte es einmal mit der »Männerwelt« sowohl aufgrund ihres »Liebreizes« als auch wegen ihrer intellektuellen Fähigkeiten aufnehmen können.
Der werdende Vater dagegen freute sich auf seinen Sohn Leo, der kräftig, motorisch aktiv, ein geschickter Kletterer, großer Fußball-

spieler und in Bezug auf sein Temperament durchsetzungsfähig, widerstandsfähig und bestimmend sein sollte, damit er sich im Leben nicht so schnell unterkriegen lassen würde.

Die Eltern sprachen zunächst nicht über ihre verschiedenen Fantasien. Erst als sie anfingen, sich darüber austauschen, waren sie erschrocken, wie unterschiedlich ihre Wünsche waren. Auf einmal war klar, dass wegen des unterschiedlichen Wunsches in Bezug auf das Geschlecht eine der beiden Wunschfantasien der werdenden Eltern enttäuscht werden würde. Schließlich wurde eine kleine Leonie geboren, die jedoch so gar nicht den Vorstellungen von der fantasierten Leonie und ihren erhofften Eigenschaften entsprach. In Bezug auf ihre Körpergröße, ihr Körpergewicht und ihr sehr aktives Temperament kam die reale Leonie eher den Vorstellungen des Vaters entgegen. Die Mutter hatte somit zwar ein Mädchen bekommen, was sie sich so sehr gewünscht hatte, aber mit den Eigenschaften, die der Vater zuvor für einen Jungen fantasiert hatte. Beide Eltern hatten deswegen nach der Geburt erhebliche Schwierigkeiten, ihren Säugling, ihre kleine Leonie, so anzunehmen, wie sie ihn in der Realität vorfanden. Eine solche Anpassung funktioniert nicht ohne Trauern und Abschiednehmen von unerfüllten Fantasien, damit der Blick frei wird für die ganz besonderen Eigenschaften und Fähigkeiten der realen kleinen Leonie. Diese ist später zwar keine erfolgreiche Fußballspielerin geworden, aber in der Pubertät wuchs sie sehr schnell sehr groß, so dass sie zu einer kämpferischen Volleyballspielerin wurde, die wegen ihrer motorischen Geschicklichkeit und ihrer Durchsetzungsfähigkeit Respekt in der ganzen Mannschaft erfuhr. Hierüber konnte der Vater, der längst von seinem fantasierten Leo Abschied genommen hatte, ausreichend stolz sein, so dass er sich mit seiner Tochter identifizieren konnte.

Beide Eltern hatten sich vorgestellt, dass das Kind ihre eigenen Persönlichkeiten bereichern und dass es auch die Partnerschaft festigen und zusammenschweißen würde. Die Mutter ging später mit Leonie in die musikalische Früherziehung, weil sie sich immer gewünscht hatte, dass ihr Kind einmal lernen sollte, Klavier zu spielen, und dies

auch mit mehr Ausdauer und Perfektion, als es ihr selber gelungen war. Leonie war auch von Musik ganz begeistert, sie interessierte sich aber viel mehr für Flöten und weniger fürs Klavier. Später wurde sie eine begeisterte Saxofon-Spielerin.
Es wird deutlich, dass die Wünsche und Fantasien der Eltern sie in ihrem Verhalten teilweise vermutlich beeinflusst und beeinträchtigt haben. Es braucht daher eine große Offenheit seitens der Eltern, ihrem Kind auf seiner Entdeckungsreise in der Welt zu folgen und es nicht durch eigene unerfüllte Wünsche, Fantasien und Hoffnungen unter Druck zu setzen.

PHASEN DER SCHWANGERSCHAFT

Wenn ein Kind von beiden Elternteilen gewünscht wird, ist die Nachricht über einen positiven Schwangerschaftstest mit einer großen Freude verbunden. Vielleicht sind die werdenden Eltern am Anfang noch unsicher, wenn aber auch der dritte Schwangerschaftstest positiv ist, besteht kein Zweifel mehr.

Kommt die Schwangerschaft unvorbereitet, ungewollt, zum falschen Zeitpunkt oder mit dem falschen Partner, ist das Ergebnis des Tests womöglich schon mit Ängsten verbunden. Selbst bei einem erhofften und erwünschten Kind tauchen nicht selten zwiespältige Gefühle auf. Wird die Schwangerschaft gut verlaufen? Wird das Kind gesund zur Welt kommen?

Die wichtigste Frage der Eltern in den Elternkursen ist aber oft, ob sie ihr Kind durch falsches, nachgiebiges oder widersprüchliches Verhalten verwöhnen würden und was sie tun können, um dies unter allen Umständen zu vermeiden. Meiner Erfahrung nach steht diese Sorge noch vor der Sorge um eine komplikationsfreie Geburt und ein gesundes Kind oder der Angst vor einem behinderten Kind, einer Totgeburt oder einem plötzlichen Kindstod. Dies sind alles nachfühlbare Sorgen und Ängste der Eltern. Die Befürchtung, ein Kind zu verwöhnen, ist zunächst allerdings nicht nachvollziehbar. Sie erschließt sich aber aus der besonderen deutschen Tradition und den über viele Generationen verbreiteten Erziehungsratschlägen, wie sie besonders während der Zeit des Faschismus propagiert wurden. Diese Bücher wurden teilweise deutschen Müttern von den Nazis an die Hand gegeben, und auch nach dem Ende des Nationalsozialismus wurden sie – bereinigt um einige faschistische Inhalte – weiter aufgelegt und von Gemeinden und Städten Müttern als Geschenk zur Geburt ihres Kindes überreicht. Die Inhalte solcher Ratgeber wirken bis heute nach und prägen auch die jüngste Generation von Eltern. Sie sind eine Anleitung dazu, wie man bei einem Baby möglichst rasch und schon im Säuglingsalter eine große Frustrationstoleranz erzielen kann. Der bis heute leider weitverbreitete Ratschlag, ein weinendes Baby nachts unter keinen Umständen aufzunehmen, weil genau ein solches elterliches Verhalten das Baby »verwöhnen« könne, stammt aus diesen Ratgebern. Wie dagegen ein bindungsorientierter Um-

gang der Eltern mit einem in der Nacht weinenden Baby aussieht, beschreibe ich später.

Die Eltern hegen oft die Hoffnung, dass das Baby die Partner auf Dauer zusammenschweißen und die Elternschaft eine gemeinsame Aufgabe sein wird. Daneben steht die Angst, dass die Partnerschaft so verändert erlebt werden könnte, dass sich das Paar schließlich auseinanderleben und es zu einer Trennung oder Scheidung der Eltern kommen könnte. Angesichts der hohen Scheidungszahlen ist diese Sorge gut nachvollziehbar. Viele Befragungen von Eltern zeigen, dass die Zufriedenheit mit der Partnerschaft in der Regel – besonders nach der Geburt des ersten Kindes – deutlich abnimmt. Es ist wichtig, hierüber schon vor der Geburt zu sprechen und sich als Paar auszutauschen, damit die Veränderung nach der Geburt nicht als zu stressig erlebt wird. Ansonsten fantasieren sich die Partner, dass es bei allen anderen Paaren »richtig super läuft«, nur bei einem selbst nicht. Schon vor der Schwangerschaft bestehende Konflikte verschwinden durch die Geburt und mit dem Baby nicht, d. h. ein Kind, womöglich ein zweites Baby, »kittet« eine kriselnde Partnerschaft nicht. Ganz im Gegenteil, die Probleme werden durch die Belastungen, die das Baby mit sich bringt, nur noch größer. Es wäre so wünschenswert, dass sich ein Paar schon *vor* einer geplanten Schwangerschaft Hilfe holt, etwa in einer Paarberatungsstelle, bevor die Entscheidung für ein Baby fällt. Je weniger belastet die Paarbeziehung ist, umso leichter wird das Paar die Veränderungen in der Schwangerschaft und die stressvollen Herausforderungen nach der Geburt mit dem Baby bewältigen können.

Relativ bald in der Schwangerschaft tauchen auch die Fragen nach der Verantwortung für das zukünftige Kind auf. Die Schwangere macht sich Gedanken darüber, wie sie sich etwa gesund ernähren und ihre gesamte Lebensweise auf das Baby und seine Bedürfnisse ausrichten kann, so dass die Schwangerschaft für das Kind gesund und zufriedenstellend verläuft. Die Eltern fragen sich, ob sie angesichts der heutigen Wirtschaftslage einen guten Job behalten oder einen noch besseren finden werden, um finanziell einen

sicheren Rahmen für die Familie und das werdende Kind zur Verfügung stellen zu können.

Gegen Ende der Schwangerschaft zeigt sich schließlich ein besonderer »Nestbautrieb«. Die werdenden Eltern überlegen dann gemeinsam, wie sie ihr Baby in ihrer Wohnung besonders gut aufnehmen können. Die Gestaltung des Kinderzimmers oder manchmal sogar noch ein Umzug in eine neue Wohnung oder ein neues Haus bringen große Veränderungen mit sich. In dieser Zeit sind die Eltern auch kaum für Themen, die nicht mit dem Baby zusammenhängen, ansprechbar.

Die Freude und die Angst vor der bevorstehenden Geburt stehen in den letzten drei bis vier Wochen vor dem Geburtstermin zunehmend im Vordergrund. Auf der einen Seite freuen sich die Partner auf das Baby und sehnen sich danach, es endlich in ihren Armen halten zu können, auf der anderen Seite tauchen auch gehäuft konkretere Ängste vor möglichen Geburtskomplikationen auf. Auch Albträume von einem Kind mit Behinderungen sind in dieser Phase nicht selten.

DIE ENTWICKLUNG DES KINDES IN DER GEBÄRMUTTER

Das Baby wächst nicht nur abgeschirmt und in aller Ruhe in seiner »Höhle« heran, sondern besitzt bereits ganz hervorragende Fähigkeiten, die es ihm möglich machen, mit seiner Umwelt in einen Austausch zu treten. Ungefähr ab der 12. Schwangerschaftswoche ist das Baby in Bezug auf die »Ausgestaltung« seiner Körperteile »komplett«. Ab jetzt wird alles am Baby nur noch differenzierter und wächst bis zur Geburt. Die Ausdifferenzierung der Körperorgane ist schon sehr weit fortgeschritten und im Ultraschall zu sehen. Auch die Sinnesorgane sind teilweise schon sehr weit entwickelt. So ist etwa die Haut des Babys bereits intensiv mit Nervenendigungen versorgt, so dass es ein voll fühlendes Lebewesen ist. Die Hörorgane des Babys sind sehr gut ausgebildet. Die Gebärmutter ist keineswegs ein ruhiger Ort, denn das Baby hört Tag und Nacht die lauten Strömungsgeräusche aus der großen Bauchschlagader der Mutter. Genauso nimmt es bereits die Stimme der Mutter wahr, was ihm hilft, diese nach der Geburt wiederzuerkennen und auch zu erwarten. Spricht der Vater während der Schwangerschaft viel mit dem Baby, so gelingt es diesem wenige Wochen nach der Geburt ebenso, die Stimme des Vaters von anderen männlichen Stimmen zu unterscheiden. Auch das Schmecken und das Riechen sind gut ausgeprägte Fähigkeiten des Babys. So kann es schon sehr genau die verschiedenen Geschmacksnuancen des Fruchtwassers unterscheiden. Dies bedeutet, dass es die Vorlieben der Mutter bezüglich der Ernährung auch schon im Fruchtwasser schmecken kann. Wenn die Mutter zum Beispiel sehr viel Fencheltee trinkt oder andere Gewürze und Kräuter, so tauchen diese spezifischen Aromen auch im Geschmack des Fruchtwassers auf, später auch in der Muttermilch. Das Baby erwartet somit später, dass es diese bereits gelernten Geschmacksrichtungen nach der Geburt wiederfindet. Die Geschmacksknospen sind auf süße Geschmackswahrnehmungen ausgerichtet, was dem Baby helfen soll, die Milch als schmackhaft wahrzunehmen und mit großer Lust zu trinken.

Babys haben schon in der Gebärmutter eindeutige Schlafphasen sowie ruhige und aktive Wachphasen, die jeweils abwechseln. Hier entstehen bereits gewisse Rhythmen über die Zeit. Babys nehmen auch den Wach- und Schlafrhythmus der Mutter wahr. Ebenso werden Stressphasen der Mutter während der Schwangerschaft und im ersten Lebensjahr vom Baby genau miterlebt.

STRESSERLEBEN DER MUTTER UND DER EINFLUSS AUF DAS WACHSENDE KIND

In der Anfangsphase der Schwangerschaft ist das Stresssystem des Kindes noch ganz eng mit dem der Mutter verbunden. Alle Stressspitzen und Dauerstressphasen der Mutter werden dem Baby über Hormone, hier besonders über das Cortisol als Stresshormon, vermittelt. Wenn die Mutter ein aufregendes, stresshaftes Erlebnis durchmacht, vergrößert sich die Menge an Cortisol im Blut. Das Cortisol geht über den Mutterkuchen auch in den Kreislauf des Fetus über. Auf diese Weise wird die Entwicklung der kindlichen Stressregulation in den Anfangsmonaten der Schwangerschaft ganz entscheidend vom Stresserleben der Mutter geprägt. Erst im letzten Drittel der Schwangerschaft hat das Baby ein eigenes System zur Stressregulation aufgebaut, das von dem der Mutter abgekoppelt ist. Wie groß im späteren Leben die Stresstoleranz des Kindes einmal sein wird, hängt sehr vom Ausmaß und Erleben der mütterlichen Stresserfahrungen während der Schwangerschaft ab.

Studien haben gezeigt, dass Mütter, die während der Schwangerschaft viel Angst erleben, eher Säuglinge zur Welt bringen, die im Lauf des ersten Lebensjahres auf Reize von außen und innen leichter irritierbar reagieren, häufiger und länger weinen und mehr Schwierigkeiten bei der Anpassung an neue Reize zeigen.

Feten können auch Schmerz erleben; ihre Nervenendigungen für die Schmerzempfindungen sind voll ausgebildet. Dies zu wissen ist besonders wichtig, weil man zu früheren Zeiten davon ausging, dass weder Feten noch Säuglinge Schmerz erleben könnten, und aus diesem Grunde zum Beispiel Säuglinge ohne Schmerzbetäubung operiert wurden. Dies ist zwar heute nicht mehr vorstellbar, aber das Wissen um die Schmerzempfindungen des Fetus in der Gebärmutter hat sich noch nicht überall verbreitet.

Feten können während der Schwangerschaft auch schon sehr gezielt lernen. So konnte nachgewiesen werden, dass sie etwa auf neue Geräusche reagieren und ihr Gehirn deutliche Reaktionen auf neue Laute zeigt. Nach wenigen Wiederholungen eines gleichen Lautes oder einer Tonfolge reagiert das Gehirn nur noch wenig und zeigt somit, dass es dieses Geräusch erkennt. Bietet man eine neue Tonfolge an, kommt es zu einem erneuten Anstieg der Reaktion. Diese Veränderungen, die im Gehirn beobachtet werden können, machen deutlich, dass der Säugling bereits in der Gebärmutter in der Lage ist, bekannte von unbekannten Tonfolgen zu unterscheiden. Es gibt Berichte, nach denen Kinder von Musikerinnen, die während der Schwangerschaft ein bestimmtes Konzert einübten, ebendieses Konzert quasi auswendig konnten, obwohl sie es – zumindest nach ihrer Geburt – noch nie gehört hatten.

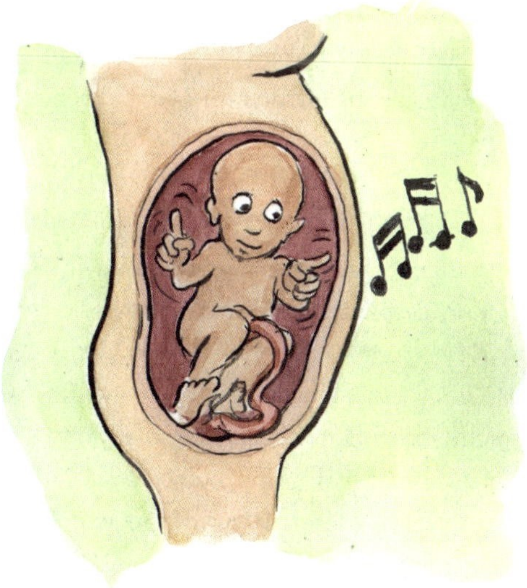

MÖGLICHKEITEN UND BELASTUNGEN DER VORGEBURTLICHEN BINDUNG

Die emotionale Bindung an den wachsenden Fetus wird intensiver, wenn die Eltern erstmals – ab ca. der 18.–20. Schwangerschaftswoche – Kindsbewegungen fühlen. Damit wird das Kind für sie spürbar zu einem eigenen lebendigen Wesen, mit dem sich die Eltern identifizieren und mit dem sie auch Kontakt aufnehmen können. Wenn die Eltern häufig mit dem Säugling in der Gebärmutter im Zwiegespräch sind, lernt er nicht nur die Stimme und Sprache der Mutter und des Vaters kennen, sondern die Eltern ihrerseits entwickeln bereits innerlich ein Bild von ihrem Kind, wie es in der Gebärmutter heranwächst. Sie erleben seine Aktivitätsphasen und stellen sich seine freudige Erregung und seine Lernmöglichkeiten vor. Der Säugling in der Gebärmutter wird auf diese Weise in ihrer Fantasie immer realer für sie. Es ist bekannt, dass diese Identifikation mit dem wachsenden Säugling und die Möglichkeit, sich bereits vor der Geburt ein inneres Bild von ihm zu machen, den Eltern nach der Geburt die erste Kontaktaufnahme mit ihrem Baby und auch die Entwicklung der Bindung wesentlich erleichtern. Sie können in der Regel feinfühliger und emotional engagierter mit ihrem Kind umgehen. Bei dieser Entwicklung kann man Eltern durch entsprechende Fantasiereisen unterstützen und begleiten.

DAS ZWIEGESPRÄCH MIT DEM BABY

ÜBUNG Werdende Eltern könnten sich gemeinsam auf das folgende innere Zwiegespräch mit ihrem Baby einlassen. Voraussetzung ist, dass sie bequem sitzen, vielleicht mit den Füßen Kontakt zur Erde haben und sich in einer entspannten Haltung befinden. Im Folgenden beschreibe ich die Anleitung zur Baby-Zwiesprache:

Atmen Sie mehrfach ganz ruhig und gezielt ein und aus, damit Sie in einen tieferen und entspannteren Zustand geraten. Wenn möglich, lassen Sie in Ihrer Fantasie und Ihren inneren Vorstellungen Ihren

Atem bis hinein in Ihren Bauchraum fließen. Nun stellen Sie sich einmal vor, dass Sie als werdende Mutter oder auch als werdender Vater eine kleine Fantasiereise zu Ihrem Baby und in die Gebärmutter machen. Fragen Sie, wenn Sie dort angekommen sind, Ihr werdendes Kind, ob Sie zu ihm einmal zu Besuch kommen können. Vielleicht können Sie anklopfen und lauschen, welche Antwort Sie erhalten. Wenn Ihr Baby erlaubt, dass Sie zu ihm in die Gebärmutterhöhle kommen können, stellen Sie sich vor, wie Sie dort von ihm empfangen werden. Schauen Sie sich um, wie es dort aussieht, wo Ihr Baby gerade lebt, wie es ihm geht, sprechen Sie mit Ihrem werdenden Kind. Sie können Ihr Baby direkt fragen, wie es ihm geht, und auf seine Antworten lauschen, alles in der Fantasie. Sie können auch hören, was sich das Baby von Ihnen wünscht, welche Erwartungen und Vorstellungen es hat. Nachdem Sie eine Zeit gemeinsam mit dem Baby in seiner »Höhle« verbracht haben, sagen Sie ihm, dass Sie vielleicht gerne wieder zu Besuch kommen möchten. Verabschieden Sie sich danach auf Ihre ganz spezifische Art und Weise, überlegen Sie einmal und probieren Sie aus, wie sich für Sie ein angemessener Abschied von Ihrem werdenden Kind gestalten könnte. Sagen Sie Ihrem Baby, dass Sie gerne erneut zu Besuch kommen möchten. Und dann kehren Sie schließlich langsam und in Ihrem individuellen Tempo wieder in die Realität zurück, indem Sie tief ein- und ausatmen, sich dabei rekeln und strecken sowie zum Schluss Ihre Augen wieder öffnen, falls Sie diese während der Übung geschlossen gehalten haben.

Diese Fantasiereise fördert die emotionale Bindung der werdenden Eltern an ihr Kind und auch die innere Vorstellung, die sie sich von ihrem Baby machen. Vielleicht ist es auf diese Weise für sie auch möglich, im Alltag erlebten Stress, Ängste und Befürchtungen ein wenig zu mildern und das Baby davor zu schützen, indem sie ihm zum Bespiel deutlich klarmachen, dass dieser Stress *zu ihnen* gehört und nicht zum Baby.

Wenn Stress und Ängste während der Schwangerschaft sehr ausgeprägt sind, etwa durch berufliche Belastung, Konflikte in der Partnerschaft oder auch durch die vorgeburtliche (pränatale) Diagnostik (s. den nächsten Abschnitt), ist es dringend angeraten, sich bereits während dieser Zeit psychotherapeutische Beratung und Hilfe zu holen. Auf diese Weise können die werdenden Eltern Konflikte und Schwierigkeiten reduzieren. Andernfalls wird sich das Stresserleben der Mutter auf den wachsenden Fetus übertragen und dessen Möglichkeiten zur Anpassung und zum Umgang mit Stress bereits während der Schwangerschaft beeinträchtigen.

DIE VORGEBURTLICHE DIAGNOSTIK

Mit der vorgeburtlichen Diagnostik verbundene Ängste beeinträchtigen die Entwicklung der Bindung zum Kind und werden auch vom Kind als stressvoll wahrgenommen, da die Stresshormone der Mutter – etwa das Stresshormon Cortisol – über die Gebärmutter und den Mutterkuchen auch zum Baby in der Gebärmutter gelangen. So segensreich die vorgeburtliche Diagnostik sein kann, um eventuelle Komplikationen und Fehlentwicklungen des wachsenden Babys zu erkennen, die unter Umständen bereits während der Schwangerschaft behoben werden können, so groß sind auch die Angst und die Verunsicherung, die mit ihr einhergehen. Auch der Aspekt, dass es falsch positive und falsch negative Befunde gibt, macht deutlich, welche Irritationen durch die vorgeburtliche Diagnostik ausgelöst werden können. Haben die Schwangeren gute Bewältigungsmechanismen sowie eine stabile Partnerschaft und ist der Partner in der Lage, die Ängste der Mutter aufzufangen, weil er nicht selbst von Ängsten überschwemmt wird, so ist die Verunsicherung besser zu bewältigen. Holen sich die Paare in einer Schwangerschaftsberatungsstelle Hilfe und Unterstützung, besteht hierdurch die Möglichkeit, sehr früh und sehr rasch Entlastung zu erfahren und bei der Bewältigung der Informationen aus der vorgeburtlichen Diagnostik weniger Angst zu erleben. Dies kann sich auch auf die Bindung zum Kind positiv auswirken.

DIE BEDEUTUNG VON IDEALEN

Während der Schwangerschaft sind die werdenden Eltern mit vielen Idealen beschäftigt. Es ist vollkommen zwecklos, ihnen diese ausreden zu wollen. Wahrscheinlich ist es für die Eltern notwendig, diese Ideale aufrechtzuerhalten, weil sie sich sonst auf das »Experiment Kind« mit all den Veränderungen, Anstrengungen und stressvollen Erfahrungen, die dies mit sich bringen wird, überhaupt nicht einlassen würden. Im Folgenden werden einige Beispiele für solche Idealvorstellungen gegeben, die von der Realität in der Regel weit entfernt sind. Um allen Missverständnissen vorzubeugen: Der Autor geht weder davon aus, dass diese Ideale verwirklicht werden sollten, noch dass sie je gelebt werden könnten. Aber sie geistern in den Köpfen vieler Paare herum.

DIE IDEALE SCHWANGERE

Die ideale Schwangere ist nach den Vorstellungen der Mütter und auch der Väter hübsch, nimmt nicht zu viel an Gewicht zu, hat keine Schwangerschaftsstreifen, ihr Körper ist attraktiver als zuvor, sie liebt Sexualität, mit mehr Erotik und Lust als vor der Schwangerschaft, meistert ihren Beruf und den Haushalt besser als je zuvor, ist bis zum Ende der Schwangerschaft mobil und flexibel, hat keine Beschwerden während der Schwangerschaft, bereitet sich intensiv auf die Geburt und das Leben mit dem Baby vor und ist obendrein für die Nöte und Bedürfnisse des Partners aufgeschlossener denn zuvor.

DIE IDEALE GEBURT

Die ideale Geburt wird von den Eltern als nicht zu schnell, aber auch nicht zu lang andauernd, möglichst wenig schmerzhaft und komplikationslos fantasiert. Dass ein gesundes Kind geboren wird, wird vorausgesetzt. Dabei wird die Schwangere von ihrer Lieblingshebamme begleitet, die sie sich zuvor ausgesucht und zu der sie ein Vertrauensverhältnis aufgebaut hat. Selbstverständlich kommt die ideale Geburt zum vorgesehenen Zeitpunkt, findet auf dem natürlichen Wege statt, in einer Position, die die Schwangere sich selbst als für sie am wenigsten schmerzvoll und am angenehmsten aussuchen kann. Unmittelbar nach der Geburt wird ihr das Neugeborene auf ihre Brust gelegt und sie kann ihr Baby Haut an Haut spüren. Sie kann fühlen, wie sich das Baby bei ihr anschmiegt und nach einer Ruhe- und Entspannungsphase schließlich beginnt, zur Brustwarze vorzurobben, um zum ersten Mal an dieser zu saugen. Selbstredend ist der Vater bei der Geburt dabei, unterstützt die Mutter, ist voller Glück und teilt die emotionalen Erfahrungen von Mutter und Baby.

DIE IDEALE MUTTER UND DER IDEALE VATER

Die ideale Mutter ist fürsorglich, feinfühlig, kann sich ganz auf das Baby und seine Signale einstellen, weiß, was es braucht, hat viel Geduld, ist trotz mehrfacher Unterbrechung ihres Schlafes, um zu stillen oder das weinende Baby zu beruhigen, tagsüber wach, ausgeschlafen, bester Laune und für Kind und Vater verfügbar. Ganz nebenbei bewältigt sie den Haushalt, kann sich auch noch mit ihrem ehemaligen Beruf beschäftigen und mit ihren Arbeitskolleginnen in Kontakt bleiben. Sie ist sexuell lustvoller gestimmt als vor der Schwangerschaft, freut sich auf den Vater und fühlt sich nach der Geburt auch in ihrem Körper wieder rasch wohl. Sie kann sowohl die versorgende Mutter sein als auch die verführerische Liebhaberin und gute Partnerin. Der ideale Vater begleitet die Mutter liebevoll während der Schwangerschaft, interessiert sich sehr für das wachsende Baby, spricht nach der Geburt viel mit ihm, ist ein hervorragender, einfühlsamer Unterstützer der Mutter und entlastet sie in allen Bereichen. Er nimmt viele Monate Elternzeit, um die Signale seines Babys sehr gut kennenzulernen und eine sichere Bindung aufzubauen. Er ist ein liebevoller, verwöhnender Partner, der seine Frau seit der Geburt attraktiver und erotischer findet als zuvor.

DAS IDEALE BABY

Das ideale Baby wird von den Eltern als ruhig und ausgeglichen fantasiert. Es schläft relativ bald durch, hat gute nächtliche Schlafphasen, trinkt ausreichend, gedeiht und wächst rasch und zügig und ist den anderen Babys in der Krabbelgruppe meistens ein klein wenig in seiner Entwicklung voraus. Es ist so eindeutig und klar in seinen Signalen, dass die Eltern es meistens sehr schnell und gut verstehen und auf seine Signale antworten und eingehen können. Es entwickelt sich gesund und mit raschen Lernfortschritten, die alle zur großen Freude und Zufriedenheit seiner Eltern bewundern können. Es ist somit der ganze Stolz seiner Eltern und wird von

diesen gerne auch in die erweiterte Großfamilie und zu Freunden mitgenommen und vorgezeigt.

DIE IDEALE FAMILIE

Die ideale Kleinfamilie ist in eine ideale Großfamilie eingebettet, in der Großeltern unterstützend und dann, wenn die jungen Eltern sie wirklich brauchen, auch mit ausreichend Zeit zur Verfügung stehen. Wenn man sie nicht benötigt, halten sie sich dezent im Hintergrund, und sie kommen nur dann, wenn sie zur Unterstützung gerufen werden. In finanziellen Krisen und Notlagen, etwa durch den Verlust des Arbeitsplatzes, unterstützen sie die junge Familie auch finanziell und helfen ihr somit, stressvolle Zeiten als weniger belastend zu erleben und gut zu überstehen. Die Großfamilie bildet somit einen idealen Rückzugs- und Unterstützungsraum für die junge Familie, die sich damit entspannter und mit weniger Stress auf die Entwicklung des Säuglings einstellen kann. Für alle in der Großfamilie ist die Geburt des Babys ein freudiges Ereignis, das auch von allen mit Stolz und Zufriedenheit begrüßt wird.

VERÄNDERUNGEN BEI DEN WERDENDEN ELTERN WÄHREND DER SCHWANGERSCHAFT

Während der Schwangerschaft verändert sich der Körper der Mutter sehr deutlich und für alle sichtbar. Dabei bleiben manche der Veränderungen, wie Dehnungsstreifen, auch nach der Schwangerschaft zurück und müssen in ein neues Körperbild integriert werden. Die werdende Mutter muss meist ihre Ernährung umstellen, um das Baby optimal zu versorgen. Morgenübelkeit, Sodbrennen, Wassereinlagerungen oder Schwangerschaftsdiabetes sind nur ein paar der körperlichen oder gesundheitlichen Beschwerden, welche den Alltag anstrengender machen. Aber auch ihre psychische Situation verändert sich: Sie ist mit Vorfreude auf das Baby, aber auch mit Sorgen und Ängsten beschäftigt, zudem mit Fragen rund um die Geburt. Sie identifiziert sich meist zunehmend mehr mit den Bedürfnissen ihres Kindes und es kommt meist zu einer Veränderung ihres Selbstbildes. Da in der Regel die Mutter im ersten Jahr zuhause bleibt, bereitet sie sich im Idealfall schon in der Schwangerschaft darauf vor, dass sich ihr gesamter Tagesablauf und sozialer Kontext verändern wird. Während der Vater meist zeitnah – wenn auch vielleicht mit weniger Stunden – in seinen Beruf und somit Alltag zurückkehrt, muss die Mutter mit Beginn des Mutterschutzes einen neuen Tagesrhythmus und neue Kontakte finden, während sie gleichzeitig den Teil ihrer beruflichen Identität pausiert. Die Konzentration auf die Schwangerschaft und das werdende Baby zieht einen Teil ihrer emotionalen Aufmerksamkeit vom Partner, den anderen Kindern, den eigenen Eltern und auch Freunden ab.

Auch der werdende Vater ist manchmal in seiner körperlichen Verfassung verändert. Auch an ihn werden besondere Erwartungen herangetragen. Durch den damit verbundenen Stress können körperliche Symptome und psychosomatische Beschwerden entstehen. Der Vater ist – ähnlich wie die werdende Mutter – mit Sorgen und Ängsten beschäftigt, diese sind aber von anderer Art als die

Ängste der Mutter. Er erlebt kritische Phasen, in denen er sich fragt, ob er der Verantwortung für die Schwangerschaft und die werdende Familie gewachsen sein wird und ob er die junge Familie ausreichend schützen und versorgen kann. Dadurch ist auch er schon nicht mehr so ausgeprägt emotional für die Partnerin, die eigenen Kinder, die eigenen Eltern oder auch Freunde verfügbar. Auch er stellt sich mehr auf das Baby ein, kann dies manchmal aber nicht so intensiv verwirklichen, wie er es sich wünscht. Er steht in dem Konflikt, dass er sich einerseits gefühlsmäßig auf das Baby und seine schwangere Partnerin einlassen möchte, andererseits aber nach außen zuverlässig und tüchtig sein will, etwa in seinem Beruf, und Verantwortung und finanzielle Sicherheit für die Familie herstellen will. Diese beiden Aufmerksamkeiten – mehr nach innen auf die werdende Familie und gleichzeitig nach außen, etwa auf die Berufswelt – verlangen teilweise eine gegenläufige Orientierung und sind nicht einfach zu bewältigen.

WIR ZU DRITT

Es ist sehr hilfreich, wenn sich die werdenden Eltern bereits in der Schwangerschaft Gedanken darüber machen, welche Konstellationen sie eventuell zu dritt mit dem Kind erwarten können. Wünschenswert wäre, dass alle drei oder mehr Familienmitglieder, also Mutter, Vater und Baby sowie eventuell weitere Geschwisterkinder, nach der Geburt wechselseitig zueinander Kontakt haben. Es gibt aber auch andere denkbare Konstellationen, bei denen die Möglichkeiten für Kontakt und Beziehung eingeschränkt sind. So kann es sein, dass die Eltern die Vorstellung haben, dass das Baby in der Zeit nach der Geburt und im Lauf des ersten Jahres erst einmal vorwiegend der Mutter »gehören« sollte, dass der Vater dagegen Mutter und Kind unterstützen und beschützen, selbst aber nach Möglichkeit nicht so viel Kontakt mit dem Baby haben sollte.

Eventuell fürchtet die Mutter auch, der Vater könnte »die bessere

Mutter« sein und ihr das Baby wegnehmen. Dies ist besonders dann der Fall, wenn nach der Geburt Phasen mit körperlichen und emotionalen Schwierigkeiten bei der Mutter entstehen, wie etwa nach einem Kaiserschnitt oder bei Depressionen.

Weiter kann es sein, dass zwar beide Eltern für sich mit dem Baby intensiven Kontakt haben und sich emotional sehr gut auf das Baby einlassen können, das Baby aber in Bezug auf sie als Paar als trennend erlebt wird und so der Kontakt zwischen den Eltern als Partner und auch als Liebespaar nachlässt bzw. verlorengeht.

Auch die Konstellation, nach der die Mutter sowohl ganz emotional als auch in der Alltagsversorgung mit dem Baby beschäftigt ist, der Vater sich aber immer weiter zurückzieht, schließlich quasi »außen vor« ist und weder mit dem Baby noch mit der Mutter emo-

tional verbunden bleibt, ist sehr risikoreich und kommt leider oft vor. Der Vater konzentriert sich dann vielleicht noch mehr auf Berufliches oder außerfamiliäre Aktivitäten. Gleichzeitig besteht die Gefahr, dass sich der Vater aufgrund seiner nicht befriedigten emotionalen partnerschaftlichen Bedürfnisse auf eine neue Partnerin einlässt und eine andere Beziehung eingeht. Dies bedeutet eine große Kränkung für die Partnerin und führt zu einer sehr krisenhaften Situation, so dass beide dringend eine Partnerschaftsberatung aufsuchen sollten, um sich Hilfe zu holen.

Manchmal erleben Freunde und Verwandte auch, dass sich die Partner nur noch in der Elternrolle sehen. Das Baby bestimmt den Alltag und das Denken der Eltern. Mutter und Vater haben sich als Partner ganz aus den Augen verloren und reden einander schließlich gar ohne Anwesenheit von Kindern mit »Mama« und »Papa« an.

Wünschenswert wäre es jedoch, dass das Paar eine Art Dreiecksbeziehung mit dem Baby eingehen kann, in der Mann und Frau sowohl als Paar als auch als Eltern bestehen können.

ENTSPANNUNGSMÖGLICHKEITEN

Es ist wichtig, dass die Eltern Entspannungsmöglichkeiten bereits während der Schwangerschaft kennenlernen, weil es selbst mit dem ruhigsten Baby zu großen Belastungen zu kommen pflegt – spätestens wenn das Baby mit dem Zahnen beginnt und die ersten Infekte durchmacht. Die schlaflosen Nächte sind in der Regel vorprogrammiert. Es ist daher nur eine Frage der Zeit, wann die Eltern in ihren Energien erschöpft sein werden. Aus diesem Grunde ist es notwendig, den Eltern bereits während der Schwangerschaft Übungen an die Hand zu geben, die sie sich aneignen können. So können sie auch nach der Geburt auf diese Übungen zurückgreifen, um rasch wieder Energien zu tanken und sich gut zu entspannen.

»DER SICHERE WOHLFÜHLORT«

ÜBUNG Legen oder setzen Sie sich bequem hin, achten Sie beim Sitzen darauf, dass Sie mit den Füßen guten Kontakt mit dem Boden haben. Atmen Sie mehrfach in aller Ruhe tief ein und aus, genießen Sie dabei, wie Sie bereits etwas entspannen. Lassen Sie in Ihrer Fantasie den Atem tiefer in Ihre Lungenspitzen und vielleicht weiter bis in Ihren Bauchraum hineinfließen und atmen Sie dann langsam wieder aus. Nachdem Sie dies mehrfach getan haben, stellen Sie sich einmal in Ihrer Fantasie vor, wie für Sie ein Wohlfühlort aussehen könnte. Das ist ein Ort, der nur in Ihrer Fantasie existiert und den nur Sie kennen. Dieser Ort sollte nicht an einem Platz sein, der in Ihrem Haus ist oder der Ihnen bekannt ist, weil es an solchen Orten in der Regel auch Störungen geben kann. Suchen Sie sich einen Wohlfühlort, der möglichst nur in Ihrer Fantasie existiert; manche Menschen stellen sich hier eine einsame Insel vor oder auf jeden Fall einen geschützten Ort, an dem sie nicht von Alltagssorgen und -nöten überrascht bzw. nicht mit ihnen konfrontiert werden können.

Stellen Sie sich in Ihrer Fantasie ganz konkret eine sehr gute Abgrenzung und Sicherung Ihres Wohlfühlortes nach außen vor, so dass nichts und niemand Sie stören kann. Es ist ganz wichtig, dass Sie sich an diesem Ort sicher fühlen. Daher spricht man bei dieser Übung manchmal auch vom »sicheren Ort«.

Überlegen Sie sich in aller Ruhe und verdeutlichen Sie sich, wie dieser Ort gestaltet ist; welche Stimmen, vielleicht von Vögeln oder anderen Tieren, welche Laute und Geräusche nehmen Sie wahr, welche Gerüche oder Düfte; schauen Sie sich in aller Ruhe an Ihrem Wohlfühlort um. In Ihrer Fantasie können Sie ihn so einrichten, wie er für Sie am bequemsten und besten ist. Überlegen Sie sich genau, wie Sie sich dort niederlassen wollen, was Sie zum Schutz und zur Sicherheit am besten brauchen können. Es ist *Ihr* Wohlfühlort. Aus diesem Grunde können Sie ihn in Ihrer Fantasie auch so gestalten, wie Sie ihn für sich am besten nutzen, und so, dass Sie dort am besten Ruhe,

Entspannung und Sicherheit erleben können. Wenn Sie sich Ihren Ort einigermaßen eingerichtet haben, überprüfen Sie, ob es noch Möglichkeiten gibt, etwas zu verändern, die zu noch mehr Abgrenzung nach außen führen könnten.

Nachdem Sie Ihren Ort und Ihre Anwesenheit dort eine Zeit lang genossen haben, kehren Sie in Ihrem Tempo in die Realität zurück. Atmen Sie dazu mehrfach tief ein und aus, recken und strecken Sie Ihre Glieder, öffnen Sie dann langsam die Augen.

Diese Entspannungsübung ist eine Möglichkeit, sich in stressvollen und turbulenten Zeiten aus dem Alltag auszuklinken und Kraft zu tanken. Führen Sie diese Übung schon während der Schwangerschaft, wenn möglich täglich, durch, zum Beispiel zum Einschlafen, um in einen ruhigen, entspannten Zustand zu kommen. Auch in stressvollen Zeiten während der Schwangerschaft hilft diese Übung.

FAZIT Bedenken Sie immer: Je ruhiger und entspannter Sie sind, desto besser ist dies für Ihre Schwangerschaft und auch für den späteren Kontakt und den Austausch mit Ihrem Baby.

DER SÄUGLING UND SEINE ELTERN

WACHE AUFMERKSAMKEIT UND SPIEL

Während Kinder in den ersten Wochen noch den Eindruck erwecken, sie würden vorwiegend schlafen, wird bald deutlich, dass ihre wachen Phasen, in denen sie sehr genau beobachten und die Umwelt anschauen, immer länger werden.

Nach der Geburt können Säuglinge nur dann ein scharfes Bild von einem Gegenstand sehen, wenn er von ihren Augen ca. 20 cm entfernt ist. Doch die Sehfähigkeit wird immer besser. Während sie anfänglich noch Doppelbilder sehen, entsteht durch die Reifung des Gehirns die Fähigkeit zum Stereo-Sehen eines einheitlichen Bildes. Die über die Augen aufgenommenen Teilbilder werden schließlich im Gehirn als ein einziges Gesamtbild abgebildet.

Das Gehör ist bei der Geburt schon sehr differenziert ausgebildet. Die Kinder kommen bereits mit vielen Hörerfahrungen aus der Schwangerschaftszeit zur Welt. Sie können die Stimme der Mutter schon kurz nach der Geburt gut von anderen Frauenstimmen unterscheiden. Ebenso erkennen sie bald auch die Stimme des Vaters, wenn dieser während der Schwangerschaft viel mit dem Ungeborenen gesprochen hat. Wird ihnen die Stimme des Vaters immer vertrauter, dann lauschen sie mit größerer Aufmerksamkeit auf sie und reagieren auf sie eindeutiger als auf die Stimme irgendeines anderen Mannes.

Babys beobachten schon nach der Geburt mit großem Interesse die Gesichter ihrer Eltern. Es ist faszinierend, dass sie bereits die Mimik der Eltern imitieren können. Besonders beim Stillen, aber auch beim Windelwechseln oder beim Baden sollten die Mutter

und der Vater mit dem Baby intensiv Blickkontakt halten und mit ihm sprechen, bevorzugt in Ammensprache (s. den nächsten Abschnitt). Ungefähr ab der sechsten Woche tritt das »soziale Lächeln« auf. Auf Ansprache strahlen die Babys jetzt ihre Eltern an, worüber diese sich riesig freuen. Dieses soziale Lächeln kennzeichnet den Säugling jetzt eindeutig als soziales Wesen.

DIE AMMENSPRACHE

Weltweit sprechen Eltern mit Babys in der sogenannten Ammensprache oder Babysprache. Dabei wechseln die Eltern automatisch beim Anblick eines Babys und im Zwiegespräch mit ihm in eine höhere Stimmlage und sprechen mit ihm in kurzen Sätzen, die ein Thema immer wieder unterschiedlich darstellen und variieren.

Dies hört sich für Außenstehende manchmal sehr albern an. Eine solche Sprechweise ist jedoch ein intuitives elterliches Verhalten, das nicht erlernt werden muss. Nicht nur Eltern gehen beim Anblick eines Babys unmittelbar in diese Ammensprache über, sondern dies gilt etwa auch schon für Kinder, wenn sie mit ihren Haustieren oder ihren Puppen reden. Die Ammensprache findet sich in allen Kulturen, was bedeutet, dass das beschriebene intuitive elterliche Verhalten sehr früh in der Entwicklung in unseren Genen abgespeichert wurde. Alle Menschen tun dies – jeweils in ihrer individuellen Sprache – auf ähnliche Art und Weise.

Leider wird diese Fähigkeit, die Ammensprache zu verwenden, bei Stress, Belastungen, Sorgen und Nöten der Eltern oder bei vielfältigen Ablenkungen auch schnell vernachlässigt. Eine Mutter, die etwa psychisch sehr belastet ist, die Angst hat oder depressiv ist, hört in der Regel automatisch auf, mit ihrem Baby in der Ammensprache zu reden. Erst wenn sie wieder gesünder und weniger depressiv ist, kommt die Ammensprache teilweise wieder zur Anwendung.

DAS GEMEINSAME SPIEL

Das Spiel ist bereits in der ersten Zeit eine wunderbare Möglichkeit, mit dem Baby in Kontakt zu treten und gemeinsam mit ihm, wenn es wach ist, aufmerksam ein Spielobjekt zu entdecken. Dabei ist es die Aufgabe der Eltern, ihrem Kind altersadäquate Spielzeuge anzubieten. Sie sollten weder überaktiv ihr Baby zum Sprechen veranlassen und mit ihm spielen, noch es nur alleine spielen lassen, ohne mit ihm im Kontakt zu sein und zu reagieren. Es ist wichtig, dass die Spielzeuge altersgerecht sind und nicht zu einer Über- oder Unterstimulation des Kindes führen. Ganze »Spiel-Aktivitätsboxen« mit vielen Spielmöglichkeiten, Tönen und vielfältigen verschiedenen Reizen sind zwar ein beliebtes Spieleangebot, überfordern aber in der Regel die Möglichkeiten des Babys zur Reizverarbeitung. Es ist viel sinnvoller, ihm *ein* Spielzeug anzubieten, das besonders einen Bereich fördert, sei es das Hören oder das Fühlen oder das Sehen. Das Baby selbst wird sich dann mit dieser einen Möglichkeit sehr intensiv beschäftigen. Erst im Laufe des ersten Lebensjahres können mehrere Bereiche wie Hören und Fühlen und Sehen gleichzeitig angesprochen werden. Dabei ist es wichtig, dass ein gemeinsames Spiel zwischen Eltern und Kind entsteht. Die Eltern sollten das Spiel des Kindes mit Freude, dem Zeigen von Überraschung, mit Lob und Begeisterung begleiten, so dass ein kleines Zwiegespräch entsteht, in dem das Baby die Möglichkeiten hat, seine Freude über das Spielzeug und über seine Erkundung auszudrücken und dabei den Stolz seiner Eltern über seine Aktivität zu erleben. Gerade beim Spiel ist es wichtig, dass das Baby sich als selbstwirksam erleben kann; Selbstwirksamkeit ist, wie vorne dargestellt, ein grundlegendes überlebenswichtiges Bedürfnis des Babys. Im Sinne von Selbstwirksamkeit ist es notwendig, dass die Eltern dem Baby das Spielzeug so anbieten, dass es durch Greifen oder Bewegen oder durch Schaukeln oder andere Möglichkeiten etwas mit dem Spielzeug tun, einen Effekt erzielen kann. Dabei wird es sehr schnell feststellen, dass dieses Ergebnis durch seine eigenen Aktivitäten zustande gekommen ist. Die Eltern können daraufhin beobachten, wie sich das Baby freut und begeistert ist, ja jauchzt, wenn es feststellt, dass es selbst der Auslöser bestimmter Aktivitäten, Geräusche oder Bewegungen ist. Beim Spiel ist es ausgesprochen wichtig, dass diese Möglichkeit zur Selbstwirksamkeit immer wieder im Vordergrund steht und das Baby von den Eltern gelobt wird, wenn es ein Spielzeug in Bewegung bringen oder damit Musik machen kann. Manchmal ist das schönste Spielzeug aber die Mutter oder der Vater selbst. Auch die Brille der Mutter oder des Vaters und ebenso die Computer-Maus oder das Touchpad der Eltern können ein Kind schon in den ersten Monaten entzücken und begeistern, ebenso wie die Töpfe aus der Küche oder alles, was klirrt, scheppert, blitzt und glänzt und starke Farbkontraste hat. Überall dort, wo die Kinder sehr früh feststellen, dass zwischen be-

stimmten Aktivitäten von ihnen und den folgenden Geschehnissen oder Reaktionen ein Zusammenhang besteht, sind sie begeistert. So können sie rasch verstehen, dass das Drücken eines Knopfs mit dem nachfolgenden Hören von Musik verbunden ist. Es ist nicht verwunderlich, dass sie sich sehr rasch für die bunten Lichter und Knöpfe interessieren, weil sie in der Regel auf Musik, besonders auf solche, die immer wiederkehrt und die sie auch selbst wiedererkennen, mit Begeisterung reagieren.

WEINEN – DIE ÜBERLEBENSGARANTIE

Schon vor der Geburt sollten sich die Eltern klarmachen, dass Babys nie »aus Jux und Tollerei« oder gar aus Boshaftigkeit weinen. Sie weinen vielmehr immer aus einem guten Grund, denn Weinen ist die einzige Überlebensgarantie und das einzige Notfallsignal, das Babys haben. Es gibt verschiedene Gründe, warum Babys weinen:

Hierzu gehören Hunger, Durst, Angst, Alleinsein, Erschöpfung aufgrund von Überstimulation durch zu viele Reize, Langeweile wegen Unterstimulation, Schmerzen, Wärme, Kälte, Sorgen und Anspannungen der Eltern. Manchmal ist es auch nicht möglich zu enträtseln, warum Babys weinen. In diesen Fällen bleibt nichts andere übrig – selbst wenn man vieles ausprobiert hat –, als das Baby auf dem Arm zu wiegen und zu trösten und auszuhalten, dass es weint, in der Hoffnung, dass früher oder später doch noch eine Idee auftaucht, warum das Baby weinen könnte. Es ist notwendig, Babys, die unentwegt weinen und sich über Stunden nicht trösten lassen, bei einem Kinderarzt oder auch in einer Notfallambulanz in der Kinderklinik vorzustellen; denn dieses Verhalten kann viele verschiedene körperliche Ursachen haben, die unter Umständen medizinische Diagnostik und Therapie, manchmal sogar eine Notfallbehandlung erfordern. Eine kinderärztliche Untersuchung ist auf jeden Fall notwendig; erst wenn diese keine ernsthaften medizinischen Ursachen aufgezeigt hat, kann man sich mit psychologischen Überlegungen beschäftigen. Selbst wenn die Eltern sich lautstark gestritten haben und das Baby in dieser spannungsgeladenen Situation zu weinen beginnt, können – zusätzlich – körperliche Ursachen Gründe für das Weinen sein. Ein Baby kann also gewissermaßen »Läuse und Flöhe« gleichzeitig haben: Es kann weinen, weil es etwa an einem Magen-Darm-Infekt, Zahnschmerzen oder unter Blähungen leidet, gleichzeitig kann es aber auch zusätzlich gestresst sein, weil die lauten aggressiven Auseinandersetzungen der Eltern es in Angst und Schrecken versetzt haben. Gegen die Blähungen wären auch Tropfen oder ein Herumtragen oder Massieren des Bäuchleins hilfreich; um die Belastung durch den Streit der Eltern zu beseitigen, wird unter Umständen eine Paarberatung oder -therapie erforderlich sein.

Das Weinen eines Babys auszuhalten, bedeutet für die Eltern Stress und Aufregung; sie werden durch das Schreien des Kindes in Alarmbereitschaft versetzt, und durch den Stress steigen ihr Puls, ihr Blutdruck und ihr Blutzuckerspiegel. Eltern werden auf diese

Weise körperlich und psychisch darauf eingestimmt, das Baby zu betreuen und zu versorgen und auf das Weinen sofort zu reagieren. Wenn es ihnen nicht erfolgreich gelingt, das Weinen des Babys einigermaßen rasch »abzustellen«, weil sie keine Lösung dafür finden, steigt die stressvolle Anspannung über die nächsten Stunden, bis sie kaum mehr zu ertragen ist. In diesen Situationen geraten Eltern in Ausnahmezustände, was schnell dazu führen kann, dass sie ihr Baby anschreien, es in die Wiege knallen, auf den Wickeltisch werfen oder es auch aus dem Bettchen reißen und schütteln. Alle diese Reaktionen sind für das Baby extrem gefährlich. Ein Baby zu schütteln kann zum Beispiel zu Einblutungen ins Gehirn und in die Augen führen, so dass es zeitlebens sehgeschädigt und behindert sein kann. Wenn ein Baby länger unentwegt schreit und hierfür auch keine körperliche Ursache gefunden werden konnte, ist dies auf jeden Fall ein Grund, mit ihm eine psychologische Beratungsstelle oder eine sogenannte »Schreibabyambulanz« aufzusuchen, wo eine Eltern-Säuglings-Beratung stattfindet.

BERUHIGUNG DES BABYS

Es ist von ganz großer Bedeutung, dass Eltern ihr Baby beruhigen können. Gelingt ihnen dies, erwächst hieraus elterliche Selbstkompetenz. Weint das Baby und probieren die Eltern verschiedene Strategien zur Beruhigung ihres Kindes aus, ohne dass sie Erfolg haben, werden sie hierdurch sehr verunsichert. Es wird allgemein gerne – auch von den Eltern selbst – angenommen, dass Eltern schon intuitiv wissen sollten, wie sie ihr Baby beruhigen können. Dies ist aber nicht immer der Fall, besonders wenn sie gestresst sind und etwa Ängste haben oder unter Anspannung stehen. Dann entsteht oft ein Teufelskreis: Die Eltern wissen nicht, wie sie das Baby beruhigen sollen, und werden immer besorgter, ängstlicher und stärker verunsichert. Auch die körperliche Anspannung nimmt zu. Schließlich überträgt sich ihre Anspannung auch auf ihr

Baby, was zur Folge hat, dass dieses noch mehr weint. Nach kurzer Zeit weiß niemand mehr, was Anfang, Auslöser und Ursache und was Folge des Weinens ist.

Eine der wichtigsten Grundregeln besteht also darin, dass sich die Eltern vor dem Versuch, ihr Baby zu beruhigen, selbst von Sorgen und Ängsten entlasten. Sie müssen innerlich ausgeglichen sein, um ihr Baby beruhigen zu können. Ist dies nicht der Fall, sollten die Eltern zumindest ihre eigenen Anspannungen registrieren und etwas dafür tun, dass sie selbst in einen ruhigeren Zustand kommen, der von weniger Ängsten und Sorgen geprägt ist. Dabei kann es schon entlastend sein, wenn der extrem angespannte Elternteil (etwa die Mutter) dem anderen Elternteil (etwa dem Vater) das Baby übergibt. So kann der hochbelastete Elternteil für eine Weile den Raum verlassen oder auch spazieren gehen, vielleicht sogar mit sportlichen Aktivitäten, die zur körperlichen Entspannung dienen,

das innere Gleichgewicht wiederherstellen. Dadurch kann sich etwa die Mutter nach ihrer Rückkehr wieder mit mehr Muße und Ruhe dem Baby und seiner Beruhigung zuwenden. Ist die Mutter alleinerziehend und dient ihr die Beschäftigung mit dem Smartphone zur Selbstberuhigung, dann sind 10 Minuten Auszeit mit Medien und danach – in einem ruhigeren Zustand – Zuwendung zum Baby wahrscheinlich weniger belastend für das Baby, als wenn das Kind unsanft, überstimulierend oder sogar gewalttätig von der gestressten Mutter behandelt werden würde.

Die Eltern wollen natürlich überprüfen, was die Signale des weinenden Babys zu bedeuten haben. Sie werden versuchen herauszufinden, ob das Baby Hunger oder Durst hat, müde ist, ob die Windel gewechselt werden muss, ob es vielleicht von Zahnschmerzen oder von einem beginnenden Infekt geplagt wird oder ob gar Langeweile oder das Alleinsein die Ursache des Quengelns ist. Die Eltern haben in aller Regel gelernt, Signale zu interpretieren und zu verstehen, welche Motivation vielleicht hinter dem Quengeln und Weinen des Babys steckt. Die Reaktion der Eltern muss natürlich auf das Signal abgestimmt sein: Ein hungriges Baby muss gestillt werden, einem durstigen Baby müssen sie etwas zu trinken anbieten; ein Baby, das Angst hat, muss durch Körperkontakt beruhigt werden und mit einem Baby, das aus Langeweile gestresst ist, müsste durch Spielen und Anregung Kontakt hergestellt werden. Körperkontakt beruhigt in der Regel ein aufgeregtes, angespannt-ängstliches Baby. Jede Form, ihm durch Körperkontakt Angst zu nehmen, führt das Baby in einen emotional ruhigeren Zustand und hilft ihm, Stress und Spannung selbst etwas abzubauen. Körperkontakt beruhigt in der Regel auch, wenn das Baby Hunger hat oder insgesamt sehr viel Stress erlebt. Körperliche Nähe trägt insgesamt – egal, aus welchem Grund die innere Welt des Babys ins Wanken gebracht wurde – zur Beruhigung bei. Das Wiegen des Babys, das Sprechen mit ihm über seine inneren Befindlichkeiten, Gesang, die Stimme der Eltern, all dies kann dazu beitragen, dass das Baby die Sicherheit erlebt und erfährt, dass es mit seinem inneren Stress und seiner Angst – überflutet von inneren Bedürfnissen und Gefühlen – nicht alleine ist. In der Regel müssen die Eltern Verschiedenes ausprobieren, um herauszufinden, was bei ihrem Baby am besten beruhigend wirkt. Jedes Baby ist hier neu zu entdecken. Es soll an dieser Stelle aber auch betont werden, dass Babys manchmal unruhig sind, quengeln und weinen, ohne dass es möglich ist, herauszufinden, welche Bedürfnisse dieses Verhalten gerade bewirken bzw. wodurch die Unruhe entsteht. In einem solchen Fall ist es absolut notwendig, das Baby nicht alleine zu lassen, sondern weiter Körperkontakt zu haben und ihm auf diese Weise zu vermitteln, dass es mit seinen aufgeregten inneren, stressvollen Gefühlen nicht alleine ist. Es ist von großer Bedeutung, dass die Eltern in dieser Situation dem Baby vermitteln können, dass sie seinen Stress mit ihm aushalten, auch wenn sie es noch nicht verstehen: Alleine eine solche innere Haltung hilft dem Baby sehr, über diese stressvollen Phasen hinwegzukommen. Es braucht oft einfach eine Engelsgeduld, weil manchmal erst zu einem viel späteren Zeitpunkt herausgefunden werden kann, womit die Unruhe des Babys zusammenhing oder wodurch sie erklärt werden kann. So kann es sein, dass das Baby nur wenige Tage später einen Infekt entwickelt, der sich dann etwa durch Fieber und das Ausbrechen von Windpocken zeigt, so dass im Nachhinein verständlich wird, warum das Baby seit mehreren Tagen unruhig war und schlecht beruhigt werden konnte.

ANGEMESSENE ANREGUNG UND STIMULATION

Mit zunehmendem Alter weiten sich die Wachphasen des Babys aus. Im Alter ab 12 Wochen ist das Baby länger wach, auch für Umweltreize aufnahmebereiter und interessiert am Austausch mit verschiedenen Personen. Wer auch immer in die Wiege schaut, bekommt in diesem Alter vom Baby ein Lächeln zurück. In dieser Zeit besteht allerdings auch die Gefahr der Überstimulation, weil die Eltern auf die positiven sozialen Interaktionen des Babys, das ca. ab der sechsten Lebenswoche anfängt zu lächeln, enorm positiv reagieren. Jede Form von Kontakt und Austausch mit dem Baby wird in der Regel von einem strahlenden Lächeln, Jauchzen und Strampeln begleitet. Es wird deutlich, dass das Baby jetzt ein richtiges soziales Wesen ist. Dies ist in der Regel für die Eltern und alle, die mit dem Baby zu tun haben, so beglückend, dass sie vor Freude »überquellen« und mit ihm in jeder Form gerne schäkern wollen. Es ist aber wichtig, dass sich die Eltern sehr genau überlegen, wie viel »Stimulation« sie dem Baby anbieten oder auch zumuten wollen. Manchmal sehen wir Babys, die bereits im ersten Lebensjahr einen vollen Wochenplan haben, mit Krabbelgruppe, Babyschwimmen und anderen Aktivitäten. Diese finden meist über den Tag verteilt in kleinen Gruppen statt, so dass die Babys am Ende des Abends vollkommen überfordert und überstimuliert sind. Es ist nicht verwunderlich, dass sie bei so vielen – gutgemeinten – Anregungen abends oft nörgeln, weinen und kaum zu beruhigen sind. Allein das

Quengeln und Weinen dient dazu, einen Teil des Stresses, der während des Tages aufgebaut wurde, wieder abzuführen.

Seltener sehen wir Babys, die viel zu wenig stimuliert werden, weil niemand mit ihnen spricht oder spielt. Diese Babys werden mit der Zeit immer ruhiger, reagieren kaum oder gar nicht mehr auf Ansprache, lachen und weinen nicht mehr, manchmal melden sie sich sogar dann nicht mehr, wenn sie Hunger haben. Dieses Verhalten zeugt von emotionaler und körperlicher Vernachlässigung. In solch einem Zustand können Babys natürlich nicht mehr wachsen und gedeihen, die Nervenzellen im Gehirn vernetzen sich nicht mehr ausreichend und auch die Wachstumshormone werden in diesem Zustand nicht mehr ausreichend gebildet. Die emotionale Verfügbarkeit und die Bereitschaft der Eltern, sich auf ein Zwiegespräch, Blickkontakt, ein Halten und einen emotionalen Austausch mit dem Baby einzulassen, sind für das Wachsen und Gedeihen des Babys absolut notwendig.

RHYTHMUS ZWISCHEN BESTÄNDIGKEIT UND HÄUFIGER VERÄNDERUNG

Die Rhythmen, die Babys im Lauf der Zeit für sich entwickeln – wann sie wach sind, wann sie schlafen –, gewinnen zwar eine bestimmte Beständigkeit und Regelmäßigkeit, doch gilt auch, dass sich die Rhythmen wie Tagesabläufe oder Wochenabläufe ständig wieder verändern. Wenn die Mutter glaubt, dass ihr Baby gerade einen 5-Stunden-Rhythmus bei der Nahrungsaufnahme gefunden hat, und sich darüber freut, weil sie nun meint, sich darauf einstellen zu können, so wird sie oft wieder enttäuscht, weil sich dieser Rhythmus relativ bald wieder verändern wird. Diese Veränderungen erfolgen nicht, weil das Baby die Eltern etwa ärgern, an der Nase herumführen oder gar »terrorisieren« wollte, sondern weil es wächst, von Schmerzen beim Zahnen oder einem Virusinfekt geplagt wird oder auch durch den Stress, den die Eltern in ihrem

Leben haben, »angesteckt« wird und insgesamt unruhiger reagiert. Die Eltern müssen also ständig bereit sein, sich auf Veränderungen in den Rhythmen, die das Baby entsprechend den vielen Reizen für sich findet, neu einzustellen.

FÜTTERN

Es ist selbstverständlich, dass ein Baby, wenn Eltern feinfühlig sind, nach Bedarf und entsprechend seinem Hunger gefüttert werden sollte. Dies bedeutet, dass es immer dann gefüttert wird, wenn es aus Hunger ein Signal gibt oder gar weint.

Noch immer hören Eltern den Rat, dass sie ihr Baby nur alle vier Stunden füttern sollten, um es nicht zu verwöhnen und ihm von Anfang an einen klaren Rhythmus vorzugeben. Unter diesen Vorgaben kann es passieren, dass ein Baby nach drei Stunden vor Hunger weint. Die Eltern werden es vielleicht auf den Arm nehmen und versuchen, es zu trösten. Dies wird aber schlecht gelingen, wenn es Hunger hat. Hunger und Durst sind ganz grundlegende, dem Überleben dienende Bedürfnisse.

Man stelle sich einmal vor, auch Erwachsene dürften nur alle vier Stunden essen und trinken. Die Küchentüre wäre mit einem Zeitschloss verriegelt, das sich nur alle vier Stunden für kurze Zeit öffnen würde. Wahrscheinlich würden wir als Erwachsene protestieren und umgehend nach einer besseren Lösung suchen.

Ein Säugling ist dagegen ganz von uns abhängig. Eine ganze Stunde hungrig auf die nächste Stillmahlzeit warten zu müssen, ist für Säuglinge ein riesiger Stress, bei dem sie sich unverstanden und hilflos fühlen. Eine solche Erfahrung wird nicht die sichere Bindung fördern.

Früher dachte man, die Bindung des Säuglings an seine Mutter entstünde durch das Stillen. Ein feinfühliges Stillen ist *eine* Form der Erfahrung zwischen Mutter und Baby, die die sichere Bindung fördert, diese kann aber auch genauso bei einer feinfühligen Flaschenfütterung entstehen. Das Stillen hat für die Entwicklung des Babys große Vorteile: Es fördert die emotionale Bindung, die Muttermilch hat eine für das Wachstum des Kindes optimale Zusammensetzung der Nahrungsbestandteile, die Immunabwehr wird verbessert, und gestillte Babys sterben seltener am plötzlichen Kindstod.

Die Eltern müssen also bereit sein, die Hungersignale des Babys feinfühlig wahrzunehmen und richtig zu interpretieren. Wann fängt das Baby an zu quengeln? Wann war die letzte Mahlzeit? Wann ist das Baby bereit zu trinken? Trinken ist aber keine Daueraktivität. Das Baby macht beim Trinken Pausen, schaut die Mutter an, plappert mir ihr, dann trinkt es erneut eine Zeit lang, um nach kurzer Dauer wiederum zu pausieren, Laute von sich zu geben und auf den Blick oder die Ansprache der Mutter zu reagieren. Insgesamt findet beim Stillen an der Brust oder auch beim Füttern – ob mit der Flasche oder mit dem Löffel – ein sehr intensiver Austausch statt. Das Füttern ist somit in einen Rhythmus aus Wachsein, Essen, Spielen und Schlafen eingebettet. Die Eltern müssen sich darauf einstellen, dass sich die Zeiten ständig ändern und sie sich entsprechend den Wünschen und Bedürfnissen des Babys flexibel anpassen müssen.

Dem Baby einen festen Rhythmus des Fütterns vorzugeben, indem es nach festen Uhrzeiten gestillt wird, oder ihm einen Fütterplan aufzuzwingen, dies wäre nicht im Sinne der Feinfühligkeit und der Förderung einer sicheren Bindung. Die Eltern müssen daher immer wieder flexibel sein und registrieren, wie sich die Zeiten verändern, wenn das Baby wächst. Damit müssen auch die Nahrungsmengen und die Essgewohnheiten immer wieder neu abgestimmt werden. Schließlich geht das Essen vom Stillen oder der Flaschenfütterung teilweise über die Löffelfütterung zur Ernährung mit fester Kost über. Die Babys wollen gegen Ende des ersten Lebensjahres immer häufiger im Hochstuhl mit am Tisch sitzen und vom Löffel essen. Sie genießen auch den sozialen Austausch mit den Eltern. Sie sind sichtlich stolz – im Sinne der Selbstwirksamkeit –, wenn sie erstmals selbst einen Löffel und einen Teller haben und wie die Erwachsenen am gemeinsamen Essen in der Gemeinschaft teilnehmen können. Natürlich sind sie neugierig, auch das zu kosten, was die Eltern auf ihrem Teller haben, so dass diese ihr Baby zunehmend mehr an eine normale Alltagskost heranführen können. Auf diese Weise passen sich die Fütterzeiten des Babys allmählich den Mahlzeiten der Familie an.

SCHLAFEN UND NÄCHTLICHE TRENNUNG

ACHTUNG Das Baby sollte in seinem Bettchen auf dem Rücken schlafen. Es sollte nichts in seinem Bettchen liegen haben, was während des Schlafs seine Atmung behindern könnte. Größere Schmusetiere, Kopfkissen und Schmusetücher oder Spuckwindeln könnten auf das Gesicht des Babys geraten und die Atmung einschränken. Dies hätte im schlimmsten Fall zur Folge, dass das Baby seine Ausatemluft rückatmet und daran erstickt.

Babys wollen grundsätzlich nicht in einem Zimmer alleine schlafen, und dies ist von der Evolution auch nicht so vorgesehen. Es hat sich in Studien auch gezeigt, dass Babys im ersten Lebensjahr seltener an einem plötzlichen Kindstod sterben, wenn sie zusammen mit ihren Eltern in einem Zimmer schlafen. Wenn ein Baby während der Steinzeit alleine schlief, so war das höchst gefährlich, weil Raubtiere es einfach fressen konnten. Besonders in der Nacht ist die Gefährdung eines Babys extrem groß gewesen. Aus diesem Grund hat es sich wahrscheinlich schon sehr früh in der Evolution durchgesetzt, dass Babys in der Nähe oder in engem Kontakt mit ihren Müttern schlafen, Kleinkinder und Kinder ebenso. Die allermeisten Kulturen rund um die Welt haben dies auch genauso bis heute beibehalten. Nur in westlich orientierten Kulturen sowie in einigen Ländern, die von der westlichen Zivilisation beeinflusst wurden, hat sich eine Schlafgewohnheit durchgesetzt, bei der von Säuglingen erwartet wird, dass sie alleine schlafen, möglichst in

einem eigenen Bett, in einem eigenen Zimmer. In manchen Familien schlafen alle Kinder jeweils in einem eigenen Zimmer und in einem eigenen Bett. Für Menschen anderer Kulturen, etwa aus Südamerika oder Asien, ist diese Form der familiären Schlafpraxis nicht nachvollziehbar. Ein Kind in einem eigenen Zimmer, ganz alleine, in seinem eigenen Bett schlafen zu lassen, würde in Indonesien eher als eine Form der Kindesvernachlässigung angesehen.

Sind die Kinder noch nicht so groß, dass sie schon selbst aus ihrem Bett aufstehen können, stehen sie oft weinend mit ausgestreckten Ärmchen in ihrem Gitterbettchen und wollen von ihrer Bindungsperson – etwa der Mutter oder dem Vater – hochgenommen werden, wenn sie – etwa weil sie schlecht geträumt haben – aufgewacht sind. Sie klammern sich an sie und wollen von ihr mitgenommen werden, um in ihrer Nähe zu schlafen. Dort, bei den Eltern, ist zweifelsohne der sicherste Ort, wenn man als Kind nachts im Traum von bösen Geistern und Ungeheuern verfolgt und bedroht wird. Auch in Deutschland bleiben Kleinkinder, sobald sie nachts Angst bekommen und schon selbst aus ihrem Bett klettern können, nicht dort. Wenn die Kinder nachts aufwachen und sich im Dunkeln alleine fürchten, somit ihr Bindungsbedürfnis aktiviert wird, suchen sie ihre Bindungspersonen auf. Torkelnd und schlaftrunken kommen sie zu ihren Eltern, legen sich womöglich zwischen diese und suchen Körperkontakt. Alle Eltern kennen es, dass die Kinder sich dann an sie schmiegen, einmal umdrehen und ganz schnell wieder eingeschlafen sind, weil sie durch den Körperkontakt zur Bindungsperson Sicherheit spüren und somit ihr Bindungsbedürfnis ganz rasch wieder befriedigt ist.

Nach wie vor erhalten Eltern leider den Rat, ihr Baby abends so lange in seinem Bett im Kinderzimmer brüllen zu lassen, bis es vor Erschöpfung schließlich einschläft. Man müsse dies nur einige Tage so durchstehen, dann habe man Ruhe im Kinderzimmer.

Wenn das Baby weint, fühlt es sich hilflos und alleine. Wenn niemand kommt, ist der Stress sehr groß, aus dem es sich alleine nicht befreien kann. Es macht hierbei die Erfahrung, dass es sich in Situationen von Angst und Alleinsein nicht darauf verlassen kann, dass seine Bindungspersonen ihm Schutz und Sicherheit geben. Diese emotionale Erfahrung verinnerlicht es schon sehr früh und für den Rest seines Lebens, so dass es sich eventuell auch später in angstvollen Situationen keine Hilfe mehr holen wird. Man stelle sich einmal vor, dass man als erwachsener Patient im Krankenhaus läge, in der Nacht große Schmerzen und Angst hätte und nach der Krankenschwester klingelte, aber niemand käme. Um wie viel verlorener muss sich ein Baby in der Nacht fühlen?

Die meisten Eltern wollen ihrem Baby solche Erfahrungen ersparen und ihm ein Gefühl von Urvertrauen vermitteln.

GEWÖHNUNG AN DIE TRENNUNG ZUM EINSCHLAFEN

Es ist empfehlenswert, dass Babys zur Förderung der sicheren Bindung nicht alleine in einem eigenen Zimmer schlafen. Obwohl sie sich von sich aus zum Einschlafen *nicht* von den Eltern trennen würden, wünschen in unserer westlichen Kultur die meisten Eltern, dass die Kinder lernen, alleine einzuschlafen.

Für eine bindungsorientierte Eingewöhnung in die Zeit des Einschlafens bringt die Mutter (oder der Vater) das Baby mit einem Ritual ins Bett. Rituale sind wichtig, weil sie mit Vorhersagbarkeit einen bekannten Ablauf ankündigen. Das Baby erkennt an dem Ritual, welche Handlungen im Tagesablauf nun anstehen. Wenn die Mutter etwa mit Wiegenlied, Gute-Nacht-Gebet und Spieluhr das Baby ins Bett gelegt hat, muss sie die Initiative ergreifen und sich trennen. Das heißt, die Mutter muss das Bett des Kindes und das Zimmer verlassen und »Auf Wiedersehen« sagen. Sie kann nicht warten, bis das Baby sie aus dem Zimmer schickt, denn das wird kaum passieren. Wenn sie das Zimmer verlassen hat, sollte sie anschließend draußen vor der Zimmertür stehen bleiben und lauschen, ob das Baby von selbst einschläft, ob es vor sich hin lautiert oder erzählt, nörgelt oder ob es zunehmend mehr Stress signalisiert. Solange das Baby nicht durch Weinen ausgeprägten Stress signalisiert, muss die Mutter nicht erneut ins Kinderzimmer gehen. Sie sollte aber noch länger horchen, wie es dem Baby geht. Wenn es anfängt, nicht nur lauter vor sich hinzuplappern, sondern deutlich Stress signalisiert, indem es immer lauter nörgelt oder weint, sollte die Mutter wieder ins Zimmer gehen und das Baby erneut aufsuchen, um es zu beruhigen, eventuell sogar mit Körperkontakt. Schließlich muss sie aber wieder versuchen, das Baby mit dem bekannten Ritual abzulegen; eventuell ist das Ritual jetzt auf ein kleines Gute-Nacht-Lied verkürzt. Wiederum wird sie sich trennen und das Zimmer verlassen müssen. In der ersten Nacht kann es passieren, dass das Baby viele Male nach der Trennung laut aufheult und die Mutter ruft, so dass diese in das Zimmer zurückgehen und es erneut beruhigen muss. Durch dieses Ritual des Gehens und Wiederkommens bei Stress erlebt das Baby Folgendes: *Wenn ich im Dunkeln Angst bekomme und signalisiere, dass ich es nicht mehr aushalte, kommt ganz zuverlässig meine Mutter, tröstet mich, nimmt mich sogar auf den Arm und trennt sich dann erneut von mir. Ich kann mich absolut darauf verlassen, dass meine Mutter in der Nacht, wenn ich aufwache und Angst bekomme, sobald wie möglich kommt oder im gleichen Zimmer anwesend ist, wenn sie mein Rufen oder sogar Weinen hört. Sie tröstet mich durch ihre erneute Nähe, sogar durch Körperkontakt. Auf diese Weise lerne ich über die Zeit, dass ich mich auf die schützende Anwesenheit meiner Mutter im Hintergrund verlassen kann. Dies gibt mir viel Sicherheit, so dass ich das Gefühl verinnerliche, auch in der Nacht nicht allein zu sein.*

Das Baby muss unter diesen Umständen nicht ständig signalisieren, dass es die Mutter braucht und vermisst, weil es so oft die zuverlässige Erfahrung gemacht hat, dass sie jederzeit – selbst tief in der Nacht – auf sein Signal hin kommt. Es ist für ein Baby absolut beruhigend, wenn seine Mutter immer wieder mit gleichmäßiger Zuverlässigkeit auf sein Bindungssignal »Weinen« reagiert. Mit der Zeit macht das Baby also eine Erfahrung, die sehr bindungsorientiert ist. Es verinnerlicht, dass die Bindungsperson immer dann kommt, verlässlich, rechtzeitig und ausgesprochen gleichmäßig, wenn es Angst signalisiert. Egal, ob es nach zehn Sekunden oder nach zwanzig Minuten weint: Sie kommt prompt und tröstet das Baby immer mit dem gleichen Ritual. Körperkontakt ist die beste Möglichkeit, um ein Baby zu beruhigen. Dieser Körperkontakt kann zum Beispiel durch Handauflegen oder eine zärtliche Massage des Kindes im Brustbereich erfolgen. Babys sollten, wie gesagt, grundsätzlich auf dem Rücken schlafen, weil sie in dieser Schlafposition seltener einen plötzlichen Kindstod erleiden. Bei der Massage wird gleichzeitig auch das Hormon Oxytocin ausgeschüttet, was das Baby entspannt und dabei ein Gefühl von Ruhe und Vertrautheit zur Bindungsperson entstehen lässt.

Diese Form der bindungsorientierten Gewöhnung an das Allein-Einschlafen kann unter Umständen bedeuten, dass die Mutter anfangs viele Male wieder ins Kinderzimmer gehen muss, bis das Baby schließlich einschläft. Es ist von ganz großer Bedeutung, dass das Baby erst gar nicht in Panik und Erregungszustände gerät, weil die Mutter in diesem Stadium viel länger braucht, um das Baby wieder zu beruhigen. Das beschriebene Ritual kann genauso vom Vater durchgeführt werden, damit das Baby aber nicht irritiert wird, sollten sich die Eltern in derselben Nacht nicht ständig abwechseln. Vielmehr sollte das Ritual erst einmal mit einem Elternteil gut funktionieren und das Baby gelernt haben, sich von diesem Elternteil zu trennen und einzuschlafen, bevor der andere Elternteil das Ritual mit ihm übernimmt. Da diese Eingewöhnung manchmal sehr anstrengend sein kann, empfiehlt es sich, sie anfangs an einem Wochenende oder im Urlaub – aber zu Hause in der für das Baby vertrauten Umgebung und nicht an einem fremden Ort – auszuprobieren.

Die Ergebnisse einer Studie zeigen, dass Babys, deren Mütter gleich auf ihr Weinsignal reagieren und ins Zimmer gehen, um es zu trösten, auf lange Sicht viel besser schlafen. Sie schlafen auch schneller ein als Babys, denen längere Wartezeiten zugemutet wer-

den, bis die Eltern zu Beruhigung kommen. Von großer Bedeutung ist aber auch der emotionale Aspekt dieser Form des bindungsorientierten Schlafens, weil dem Baby hierdurch ermöglicht wird, trotz der Trennung zum Einschlafen eine sichere Bindungserfahrung mit der Bindungsperson zu verinnerlichen. Dieses wichtige Erlebnis – dass gerade in der Nacht und im Dunkeln die Mutter jederzeit kommt und das Baby schützt, wenn es Unwohlsein und Angst signalisiert – vermittelt dem Baby nach einiger Zeit ein Gefühl von Sicherheit. Es muss sich daher gar nicht vorsorglich melden und weinen, wenn es noch gar keine innere Not verspürt.

Je nach Temperament eines Babys kann es sein, dass es auch nach dem x-ten Trennungsversuch noch unmittelbar laut aufweint und in Panik gerät. Es könnte sein, dass der Zeitpunkt für eine Trennung zum Allein-Einschlafen noch nicht gekommen ist. Vielleicht ist der Trennungsschritt noch zu früh, so dass dem Baby durch das Trennungsritual noch keine Bindungssicherheit vermittelt werden kann. Es kann aber auch sein, dass die Mutter oder der Vater selbst größere Trennungsprobleme und Ängste haben, so dass sie sich ihrerseits schlecht oder nur unter großer Anspannung aus dem Kinderzimmer entfernen können. Eine solche Anspannung nimmt das Baby sofort wahr, so dass natürlich die Trennung erschwert wird. Unter diesen Umständen benötigt die Mutter oder der Vater eventuell sogar selbst eine Hilfestellung, damit sie oder er diese und zukünftige Trennungen vom Baby besser bewältigen kann.

SCHLAFEN IN INDONESIEN

BEISPIEL Vor einigen Jahren war ich auf einer internationalen Konferenz und saß beim Konferenzdinner mit sieben Kolleginnen aus Indonesien an einem Tisch. Nachdem der Abend etwas fortgeschritten war und sich die Atmosphäre lockerte, fragte mich eine von ihnen, ob es stimme, dass bei uns in Deutschland Kinder in einem eigenen Bettchen schlafen müssten. Ich bejahte dies und war etwas erstaunt, als im Folgenden noch mehrmals diese Frage gestellt wurde und auf meine positive Antwort hin einige Unruhe auftrat. Schließlich fragte mich eine weitere Kollegin, ob denn die Kinder nachts in ihren Einzelbetten in ihren Zimmern blieben. Diese Frage musste ich nun eindeutig verneinen und sagen, dass die Kinder in Deutschland, wenn sie nachts Angst bekommen und die Möglichkeit haben, aus ihrem Bett herauszukommen und zu ihren Eltern zu gehen, diese als sichere Bindungspersonen aufsuchen, um sich durch Körperkontakt zu beruhigen. Das Erstaunen über diese Antwort war sehr groß und die Indonesierinnen meinten: Die Kinder in Deutschland sind ja genauso wie unsere Kinder, aber warum muten deutsche Eltern Kindern zu, dass sie allein in einem eigenen Zimmer in einem eigenen Bett schlafen müssen, wenn doch klar ist, dass sie sich daran nicht halten, sobald sie Angst bekommen? Sehr nachdenklich über diese sehr kluge Art, mit Schlafgewohnheiten umzugehen, ging ich an diesem Abend nach Hause und konnte meinerseits gar nicht gut einschlafen. Mir wurde klar, wie weit wir in Deutschland mit unseren Erwartungen, Kinder sollten alleine in einem einzelnen Bett, in einem einzelnen Zimmer schlafen, von unserem evolutionsbiologischen Erbe entfernt sind, nach dem Kinder zu ihrer Sicherheit in der Nacht Körperkontakt und Nähe zur Bindungsperson suchen.

Es wäre wünschenswert, über die Schlafrituale deutscher Kinder nachzudenken. Die Kinder verhalten sich jede Nacht sowieso entsprechend ihrem Bindungsbedürfnis. Es ist nur die Frage, wann die Eltern – unter Berufung auf die Bindungstheorie – anfangen, sich offen über die Schlafrituale ihrer Kinder auszutauschen, und zwar ohne schlechtes Gewissen. Bis heute befürchten Eltern immer noch, sie würden ihre Kinder »verwöhnen«, sobald sie ihnen nachts gestatten, bei ihnen zu bleiben oder zu ihnen zu kommen, wenn sie aufgewacht sind und Angst haben.

DIE SCHLAFSITUATION DES BABYS

Es gibt verschiedene Formen, wie zwischen Eltern und Kind beim Schlafen Nähe hergestellt werden kann. Eine Möglichkeit besteht darin, das Zimmer zu teilen, indem etwa die Wiege des Babys ins Elternschlafzimmer gestellt wird. Diese Form der Schlafsituation wird von Kinderärzten empfohlen, weil es sich gezeigt hat, dass Babys so vor plötzlichem Kindstod geschützt werden können. In Kulturen, etwa in Asien, in denen es üblich ist, dass Eltern und Kinder in einem Zimmer und auch in engem Kontakt miteinander schlafen, ist die Anzahl von Babys, die an plötzlichem Kindstod sterben, sehr gering.

Eine andere Form der Schlafsituation besteht darin, das Baby mit ins Bett der Eltern zu nehmen, was besonders von stillenden Müttern gerne praktiziert wird. Viele deutsche Eltern sind hier aber verunsichert, weil ihnen vermittelt wird, dass dadurch grundsätzlich die Gefahr eines plötzlichen Kindstods erhöht werde. Aus Untersuchungen wissen wir: Für das Baby besteht dann eine größere Gefährdung durch einen plötzlichen Kindstod im Bett der Mutter, wenn die Mutter Raucherin ist, in der Wohnung, in der das Baby lebt, geraucht wird, die Mutter Alkohol trinkt, Drogen nimmt, in ihrem Bewusstsein durch die Einnahme von Medikamenten getrübt ist, einen sehr tiefen Schlaf hat oder die Matratze sehr weich ist (Wasserbett, Sofa), sodann wenn das Baby zum Schlafen auf seinen Bauch gelegt wird, auf einem Kopfkissen oder Fell schläft oder mit Bettdecken zugedeckt wird, unter denen es sich überhitzen und ersticken könnte. Diese Risiken sollten auf jeden Fall vermieden werden, um das Baby nicht zu gefährden!

Viele Eltern lösen das Problem dadurch, dass sie das Baby nicht unbedingt neben sich in ihrem Bett – mit Körperkontakt – liegen haben, aber doch in einem an ihr Bett angebauten Beistellbett, so dass die Mutter das Baby in der Nacht nur etwas näher heranziehen muss, um es zu stillen, und es anschließend wieder ins Babybett zurücklegen kann. Aus diesem »Anbau« kann später ein eigenes Kinderbett werden, das neben dem Elternbett steht. Es reicht dann in der Regel aus, dass das Baby die Stimme der Mutter hört oder eine sanfte Berührung durch ihre Hand spürt, damit es rasch wieder einschläft.

Auf diese Weise entwickelt sich auch eine gewisse Abstimmung in den Schlafphasen von Mutter und Säugling. Wenn der Säugling beim Aufwachen aus einer Tiefschlafphase anfängt, sich zu bewegen, Geräusche macht und dadurch die Mutter wach wird – und ebenso aus einer Tiefschlafphase erwacht –, um das Baby zu stillen, können beide nach kurzer Zeit wieder einschlafen. Unter diesen Bedingungen stimmen sich die Wach- und Tiefschlafphasen der Mutter und des Babys sehr gut aufeinander ab und die Mütter können am nächsten Morgen nicht genau sagen, wie oft sie aufgewacht sind oder gestillt haben. Schläft das Baby dagegen in einem eigenen Bettchen in einem Nachbarzimmer, so wacht die Mutter zum Teil mitten aus dem Tiefschlaf auf, wenn das Kind zu weinen beginnt. Es ist eher störend und kann ärgerlich machen, aus dem Tiefschlaf geweckt zu werden. Die Mutter braucht manchmal einige Überwindung, um aufzustehen und das Kind zum Stillen anzulegen. Unter solchen Schlafbedingungen sind die Mütter morgens eher erschöpft. Es ist daher zu empfehlen, dass das Baby möglichst in Hör- und Reichweite der Eltern schläft.

»WETTERKARTE«

Es ist immer wieder gut, wenn sich die Eltern täglich fragen, wie es dem Baby heute geht, wie es ihnen selbst heute geht und was sich an Neuem ergeben und entwickelt hat. Sie erstellen quasi eine »Wetterkarte« für ihre Stimmungen und Befindlichkeiten. Diese dient der Beziehungsbestimmung und hilft, sich jeden Tag neu zu orientieren, um das Baby auch jeden Tag mit neuen Augen zu sehen. So soll verhindert werden, dass die Eltern in einer inneren

Haltung verharren, nach der das Baby und seine Aktivitäten vielleicht nur noch unter negativen Vorzeichen betrachtet werden. Eine Wetterkarte macht auch deutlich, dass sich das Wetter eben täglich ändern kann und wir immer wieder genau hinsehen müssen, wie der aktuelle Stand ist. Herrscht also heute Gewitter, Sturm und Regen, so kann es schon morgen wieder mit Sonnenschein und ruhigeren, warmen Wetterverhältnissen weitergehen.

DAS BABY STELLT SICH VOR

Eltern können sich nach der Geburt kaum vorstellen, was das Baby eigentlich durchgemacht hat. Sie waren in der Geburtssituation selbst mit sich und ihren Gefühlen so stark beschäftigt, dass es kaum eine Möglichkeit gab, sich emotional auf das Baby einzustellen. Im Nachhinein ist es gut, sich – in der Fantasie – vorzustellen,

wie das Baby wohl die Geburt und das Ankommen auf dieser Welt erlebt hat. Die Eltern könnten sich einmal in die Innenwelt und das Erleben des Babys hineinversetzen und aus der Perspektive des Babys heraus die Geburt schildern. Das sollten Vater und Mutter für sich getrennt tun, weil das Erleben der jeweiligen Elternteile unterschiedlich ist und sie jeweils oft noch gar nicht die Perspektive des Partners einnehmen konnten. Eine solche Vorstellung des Babys, vom Vater erzählt, könnte etwa so aussehen:

BEISPIEL Ich bin der kleine Noah. Ich war neun Monate in einer dunklen Höhle im Bauch meiner Mutter. Da hat es mir sehr gut gefallen; es war warm und kuschelig, ich hatte alles, was ich brauchte. Eines Tages setzten die Wehen ein, und ich wusste gar nicht, was passierte, es wurde plötzlich enger in meiner Höhle, und irgendwas schien mich zu drängen, diesen angenehmen Platz zu verlassen. Dann wurde es ganz schrecklich stressig, weil ich durch einen engen Kanal hindurchkriechen musste, ich wehrte mich innerlich dagegen, weil ich gar keine Lust hatte, diese angenehme, schöne dunkle Höhle zu verlassen. Gleichzeitig sah ich aber schon, dass ein Licht am Ende des Tunnels schimmerte. Ich hatte Angst und war gleichzeitig neugierig, was mich dort erwarten würde. Es war sehr stressig und anstrengend, weil ich nur millimeterweise in diesem dunklen Tunnel vorankam. Schließlich wurden aber das Licht und die Stimmen immer lauter, und ich freute mich, jetzt etwas Neues kennenzulernen. Gleichzeitig hatte ich auch große Angst davor, weil mir all dies überhaupt nicht bekannt war. Ich hörte viele Schreie und war in Panik: Was würde jetzt passieren? Mein Blutdruck war hoch, mein Puls raste bis zum Hals, und ich war wahnsinnig aufgeregt und dachte: das hier werde ich gar nicht überstehen, weil ich nicht wusste, wohin die Reise ging und wie lange das alles noch dauern sollte. Schließlich befand ich mich auf dem Arm meines Vaters, der mich liebevoll anschaute und zu mir sagte: »Hallo, willkommen auf dieser Welt«. Dann legte er mich in die Arme meiner Mutter, die mich ebenfalls anschaute, aber gar nicht in der Lage war, auch nur einen Satz zu reden. Wir sahen uns beide nur lange an, und ich schmunzelte innerlich. Sie sah sehr erschöpft, aber glücklich aus. Schließlich hauchte sie nur ein leises »Hey«, das mich ganz glücklich machte. Ich wurde mit einem warmen Tuch zugedeckt und konnte so Haut an Haut auf dem Bauch meiner Mutter liegen und war glücklich, entspannt und zufrieden, endlich aus diesem engen »Tunnel« heraus zu sein und selber atmen und weinen und schnaufen zu können. Nach einer halben Stunde setzte ich mich langsam ein bisschen in Bewegung und nutzte die Schmiere auf meiner Haut, um in Richtung der Brustwarze meiner Mutter zu robben. Als ich dort schließlich angekommen war, konnte ich zum ersten Mal an Mutters Brust nuckeln. All das war mir sehr fremd und für mich ungewohnt, und ich wusste nicht, was es bedeutete, aber schließlich schlief ich an Mutters Brust und auf ihrem Bauch vor lauter Erschöpfung ein und fiel in einen tiefen, erholsamen Schlaf.

Eine solche Beschreibung und Vorstellung des Babys kann von Mutter und Vater getrennt durchgeführt werden. Manchmal erfährt die Mutter zum ersten Mal, wie der Vater (bzw. der Vater, wie die Mutter) die Geburt erlebt hat. Es ist für Eltern sehr bewegend, einander aus dieser Perspektive heraus ihr jeweiliges Geburtserleben zu schildern.

GLÜCKLICHE MOMENTE

Da die Eltern häufig von vielen täglichen Belastungen erschöpft sind und manchmal nur noch Negatives wahrnehmen, etwa wie oft das Baby weint und wann es unzufrieden ist, ist es hilfreich, wenn sie sich immer wieder aufs Neue fragen: Welche glücklichen Momente gab es heute mit meinem Baby? Mutter und Vater können sich getrennt voneinander diese Fragen beantworten, indem sie in einem stillen Moment darüber nachdenken oder es auch in einem Tagebuch festhalten: Welche Momente des Glücks gab es heute mit meinem Baby, wann habe ich mich gefreut, dass das Baby auf der Welt und mit mir in Kontakt ist? Worin stimmten wir überein, sind wir uns begegnet, wann gab es Momente der freudigen Überraschung, wann waren wir zu dritt – Vater, Mutter, Kind – zusammen?

Es wäre schön, wenn sich die Eltern jeweils ca. drei positive Eigenschaftswörter pro Tag für ihr Kind und die Beziehung zu ihrem Kind überlegen könnten. Mit welchen positiven Wörtern würden Sie Ihr Baby Fremden gegenüber beschreiben? Ist Ihr Baby zum Beispiel quirlig und lebendig, ein Strahlemann, neugierig und interessiert, durchsetzungsfähig und hat schon einen eigenen Willen, mit dem es deutlich macht, wann es essen und trinken möchte, wann es schlafen, wann es spielen möchte? Die Eltern können dann jeweils kleine Geschichten aufschreiben, die diese Eigenschaften gut demonstrieren. Je konkreter diese Geschichten sind und je genauer sie im Tagebuch festgehalten werden, desto eindeutiger kann man sich darüber freuen, wenn man diese kleinen Geschichten liest, die sonst natürlich über die Zeit verlorengehen. Väter und Mütter können solche glücklichen Momente getrennt festhalten, sie können aber auch abends zusammensitzen und sich über diese glücklichen Momente austauschen und sie in Tagebuchnotizen und auch als kleine Geschichten aufschreiben. Es ist im Alltagsstress so wichtig, diese ruhigen Momente zu nutzen, um die positiven Ereignisse zu vergegenwärtigen, weil sie sonst ganz rasch neben den belastenden Situationen mit dem Baby verblassen.

»UNGLÜCKLICHE« MOMENTE

Das Wort *unglücklich* ist in der Überschrift in Anführungszeichen gesetzt, weil solche Momente immer nur »relativ« sind. Das Unglück ist nicht absolut, es ändert sich von Tag zu Tag, ähnlich wie die Wetterkarte. Es ist durchaus wichtig, dass sich die Eltern gelegentlich auch einmal abends dessen bewusst werden, was nicht so gut gelaufen ist, wann es Momente gab, in denen sie mit ihrem Baby sehr unglücklich waren, in denen sie Angst hatten, Missstimmungen zwischen sich und dem Baby erlebt haben, wann sie ratlos waren oder sich auch einsam fühlten. Vielleicht fallen ihnen auch Momente ein, in denen sie unglücklich waren, weil es nicht möglich war, eine Gemeinsamkeit zu dritt zu finden oder zu erleben. Alle diese Momente des Unglücks sind aber relativ, da sie oft an einem Tag nur für begrenzte Zeit bestanden haben. Befragt man Eltern und schildern diese nur die unglücklichen Momente mit ihrem Baby, so gewinnt man den Eindruck, als sei das ganze Leben mit dem Baby tagtäglich nur ein einziges Unglück, was in der Regel nicht der Fall ist. Eltern können vielleicht auch zu den unglücklichen Momenten kleine Geschichten festhalten, durch die sie eventuell leichter verstehen, wie diese entstanden sind und wie es kam, dass sie wieder aufhörten.

Je mehr Eltern an ihren Idealen festhalten, ums so größer kann die »Falle« sein, von Scham- und Schuldgefühlen überrollt zu werden. Mütter oder Väter fragen sich entweder schon in der Situation, aber zumeist am Abend, wenn sie oft erschöpft in den Sessel sinken, was sie alles »falsch« gemacht haben, weil sie z. B. zu heftig reagiert haben, ein Bedürfnis nicht erkannt haben, wegen Zeitdruck das Kind nicht ausspielen lassen konnten, das Essen nicht gesund genug war etc. Diese Gedanken können sich langsam »anschleichen« und immer bedrohlicher werden, sogar Angst vor dem nächsten Tag machen. Eltern müssen, so gut sie können, sich hier gegenseitig entlasten und über solche Gedanken und Gefühle miteinander sprechen. Natürlich kann man als Mutter oder Vater immer noch vieles besser machen, aber »einigermaßen gut genug« ist absolut ausreichend für eine gesunde Entwicklung des Kindes! Das Bindungssystem ist sehr »robust« und »verzeiht« sehr wohl auch wenig feinfühlige Handlungen, die in der Regel bei allen Eltern immer wieder vorkommen, weil Vater und Mutter –

entgegen ihren eigenen Wunschvorstellungen – eben nicht ideal sind.

Die Eltern können sich ebenso ca. drei Eigenschaftswörter überlegen, die Schwieriges in der Beziehung zu ihrem Baby zum Ausdruck bringen. Sie können auch verschiedene kleine Geschichten aufschreiben, mit denen diese Eigenschaftswörter verbunden sind, möglichst konkrete Episoden und Alltagserlebnisse. In der Regel ist es so, dass die Eltern in dem Moment, in dem sie sich diese Szenen wirklich genauer anschauen und die kleinen Geschichten hierzu aufschreiben, merken, dass sich die emotionale Belastung durch die Erlebnisse abschwächt. Mit dem Abstand, der sich durch das Aufschreiben der Geschichte ergibt, kann oft schon darüber geschmunzelt und gelacht werden. Dies hilft, sich von diesen besonderen Momenten, die in der Situation selbst als so belastend erlebt wurden, zu distanzieren und sie gleichzeitig auch »abzulegen«, sich also davon ein bisschen zu befreien. Andernfalls können diese unglücklichen Momente zu einer solchen Belastung werden, dass sie die glücklichen Momente mit dem Baby vollkommen überlagern und die Eltern selbst das Gefühl bekommen, das ganze Leben mit dem Baby sei cin einziges Unglück.

Wichtig ist, dass sich die Eltern nach dem Anschauen der »unglücklichen« Momente wieder die glücklichen Momente vor Augen halten und damit den Tag beschließen.

Manchmal passiert es, dass sich die Mutter immer weniger an ihrem Baby erfreuen kann, alles zunehmend schwer, grau und ausweglos erscheint. Sie ertappt sich sogar bei Gedanken, wonach es ein großer Fehler war, ein Baby zu bekommen. Manche Mütter haben auch Gedanken, wonach sie selber nicht mehr leben möchten oder sogar das Baby besser auch nicht mehr leben sollte. Solche Gedanken sind Ausdruck einer verzerrten Wahrnehmung und ein deutliches Anzeichen für die Entwicklung einer postpartalen Depression oder Psychose. Unter diesen Umständen muss die Mutter am besten so rasch wie möglich aus eigenem Entschluss oder – wenn sie nicht mehr zur Eigeninitiative in der Lage ist – mit Hilfe ihres Partners, einer Freundin oder der Hebamme einen Psychiater aufsuchen. In Kliniken gibt es öfters auch Spezialsprechstunden für Mütter mit psychischen Problemen, die im »Zeitfenster« rund um die Geburt entstehen. Wird die Erkrankung frühzeitig erkannt, ist eine ambulante Behandlung manchmal noch ausreichend. Wenn die Mutter aber stationär behandelt werden muss, ist dringend mit dem Psychiater zu besprechen, ob eine Aufnahme der Mutter gemeinsam mit ihrem Säugling möglich ist, damit die Bindung zwischen Mutter und Kinder erhalten bleiben oder aufgebaut werden kann. In sogenannten »Mutter-Kind-Behandlungseinheiten« werden Mutter und Kind gemeinsam aufgenommen. Die Mutter kann entsprechend ihrem Gesundheitszustand weiter die Pflege ihres Kindes übernehmen. Hierbei erhält sie auch Unterstützung durch Kinderkrankenschwestern.

DAS GEFÜHL, EINE MUTTER ZU SEIN

Alle Welt erwartet, dass sich die gerade noch schwangere Frau nach der Geburt ihres Kindes als Mutter fühlt und erlebt. Diese Erwartung ist verständlich, kann aber von der Mutter in der Regel nicht eingelöst werden. »Mutter« wird eine Frau zwar vom formalen Status her durch die Geburt, die *emotional gefühlte* Mutterrolle muss sich aber erst vom Zeitpunkt der Geburt im Lauf des ersten Lebensjahres allmählich entwickeln. Manche Mütter haben erst mit dem ersten Geburtstag ihres Kindes die Empfindung, dass sie jetzt tatsächlich – auch ihrem inneren Gefühl nach – die Mutter dieses Kindes sind. Wenn sie anderen erzählen, dass sie ein Baby haben und Mutter sind, so sind dieser Begriff und diese Aussage am Anfang emotional noch überhaupt nicht besetzt. Es gibt nichts, was mit dem Vorgang, eine »Mutter« zu werden, vergleichbar ist, denn hiermit sind ganz spezifische Gefühle und Bedürfnisse verbunden: das Baby zu beschützen, es zu umsorgen und zu nähren, innerlich mit seiner ganzen Aufmerksamkeit auf das Baby hin orientiert zu sein.

Dies sind Gefühle und Entwicklungen, die vorher in der Schwangerschaft noch gar nicht vorausgeahnt und gelebt oder ausprobiert werden konnten. Mit den Muttergefühlen entsteht allmählich auch das emotionale Bindungsgefühl gegenüber dem Baby, das sogenannte *Bonding*. Mit diesem Bonding ist die Bereitschaft verbunden, auf die Signale und Bedürfnisse des Babys, wie Nähe, Schutz, Sicherheit und Körperkontakt, entsprechend einzugehen und diese zu befriedigen. Auch das Bonding-Gefühl und die Bereitschaft zur Pflege müssen sich erst langsam entwickeln, genauso wie das Wissen um die richtige Pflege des Babys und das Erkennen seiner spezifischen Bedürfnisse. Wenn eine Mutter einige Monaten nach der Geburt noch gar kein »emotionales Gefühl« von Nähe und Vertrautheit gegenüber ihrem Baby erlebt, ist es sinnvoll, dass sie hierüber z. B. mit ihrer Hebamme so offen wie möglich spricht und sich Hilfe holt, denn es könnte ein Anzeichen für eine postpartale Depression sein, die im gesamten ersten Lebensjahr auftreten kann und von welcher circa 10–15% der Mütter betroffen sind.

DAS GEFÜHL, EIN VATER ZU SEIN

Wenn man sich in die Vaterrolle einfinden muss, verhält es sich ganz ähnlich. Auch das innere Gefühl, ein Vater zu sein, entsteht erst mit der Zeit, und es kann viele Monate in Anspruch nehmen, bis der Vater innerlich tatsächlich mit der eigenen Aussage: »Ich bin Vater dieses kleinen Babys«, emotional einverstanden ist und dies auch emotional so erlebt und spürt. Auch mit der Vaterschaft und dem Vatersein sind bestimmte Gefühle verbunden. Diese können ebenfalls dadurch geprägt sein, dass man das Baby beschützen und halten will, wobei der Schutzaspekt gegenüber dem Baby und der Mutter oft ganz im Vordergrund steht. Weiterhin wird der Vater sich fragen, ob er längerfristig in der Lage sein wird, die Mutter und das Baby durch seine berufliche Tätigkeit auch ausreichend finanziell abzusichern, ob er die äußeren Rahmenbedingungen entsprechend gestalten kann, in denen sich eine Mutter mit ihrem Baby wohlfühlt, und ob die Mutter in der Lage sein wird, das Baby angemessen zu versorgen sowie wachsen und gedeihen zu lassen. Es kommt hinzu, dass sich die Väter heute teilweise auch emotional mit ihrem Baby schon während der Schwangerschaft auseinandersetzen, bei der Geburt dabei sind und sich auch aktiv an der Pflege des Babys beteiligen. Väter können zwar nicht stillen, aber das Baby genauso gut wickeln, baden, tragen, halten und trösten. Dabei ist es wichtig, dass der Vater nicht die Mutter imitiert oder versucht, eine bessere Mutter zu sein oder eine Art »Mapi« zu werden. Es ist von großer Bedeutung, dass sowohl die Mutter als auch der Vater ganz eigenständige Arten entwickeln, wie sie jeweils ganz individuell mit dem Baby umgehen und es pflegen und auf seine Signale eingehen. Relativ schnell weiß das Baby, dass der Vater beispielsweise anders wickelt. Es erkennt mit der Zeit das Muster, nach dem der Vater es behandelt. Es freut sich darauf und lernt dies als ganz eigenständiges Muster kennen, mit dem Vater zusammen zu sein. Es ist daher auch nicht sinnvoll, dass die Eltern ihre unterschiedlichen Arten, mit dem Baby zu spielen, es zu wickeln oder zu pflegen, unter großem Stress einander anpassen. Natürlich sollte es im Großen und Ganzen Übereinstimmungen geben, aber die Verhaltensweisen von Mutter und Vater gegenüber dem Kind dürfen sehr unterschiedlich sein. Dies hilft auch dem Baby, sich ein klares Bild davon zu machen, dass Vater und Mutter jeweils eigenständige Personen sind, mit ganz individuellen Eigenschaften und Verhaltensweisen und einer verschiedenen Art, etwa mit dem Baby zu spielen oder es zu wickeln.

MÜTTERGRUPPEN UND VÄTERGRUPPEN

Es ist sehr schön, wenn sich Mütter und Väter jeweils auch in eigenen Gruppen treffen. Hier besteht die Möglichkeit, dass sowohl Mütter als auch Väter untereinander ihre Erfahrungen mit dem

Baby, aus ihrer Perspektive, austauschen. Für Väter ist es manchmal nicht so einfach, in Anwesenheit der Mütter über ihre Gefühle, ihre Erfahrungen, ihre Ideen zu sprechen. Dies ist viel einfacher, wenn Väter unter sich sind, und das Gleiche trifft auch für Mütter zu. Auch sie sind oft nicht so gut in der Lage, über ihre Ängste, Sorgen und Bedürfnisse zu sprechen, wenn die Väter gleich danebensitzen. Es ist viel leichter, sich über schwierige Momente, Wünsche, Bedürfnisse und auch Hoffnungen zunächst einmal in einer Müttergruppe auszutauschen, um dann im individuellen Gespräch den jeweiligen Vater damit zu konfrontieren oder ihn auch in die Überlegungen und die Diskussion über die gerade aus der Müttergruppe gewonnenen Erkenntnisse mit einzubeziehen. Solche spezifischen Mütter- bzw. Vätergruppen dienen auch der Entwicklung der jeweiligen eigenen neuen Rolle und der Identifikation mit ihr. Es ist viel leichter, sich in eine neue Rolle hineinzufühlen, wenn man erlebt, dass andere Väter bzw. Mütter gleiche Fragestellungen, Probleme und Überlegungen haben und auch mit ähnlichen Ängsten und Sorgen beschäftigt sind. Die Identifikation mit der neuen Rolle über die Mütter- oder die Vätergruppe ist daher eine gute Hilfestellung und Voraussetzung, um sich in der eigenen individuellen Identität als Vater oder Mutter zu festigen und weiterzuentwickeln.

DIE KLEIN- UND DIE GROSSFAMILIE

Mit der Geburt sind Vater, Mutter und Kind eine Kleinfamilie. Auch das Gefühl, eine Familie zu sein, die vielleicht Teil einer größeren Familiengruppe mit weiteren Familienmitgliedern wie Großeltern, Tanten und Onkeln sowie weiteren Verwandten ist, muss erst innerlich bei den Eltern entstehen. Formal ist diese Familie mit der Geburt des Babys vorhanden, aber es gibt für das Familiengefühl, jetzt zu dritt zu sein und eine eigenständige kleine Familie gegründet zu haben, noch keine innere »emotionale Abbil-

dung«, auf die sich die Eltern in ihrem Empfinden beziehen könnten. Es muss daher erst über die Zeit hinweg ein Wir-Gefühl entstehen. Diese Familie ist eine kleine Einheit, die sich auch nach außen abgrenzt, im Inneren als Kleingruppe funktioniert und neue Formen der Zusammenarbeit finden muss. Gleichzeitig kann es im besten Falle sein, dass die Kleinfamilie in einen größeren Familienverband hineingenommen wird und daher auch die Unterstützung, Hilfestellung und auch liebevolle Zuwendung von Familienmitgliedern aus der erweiterten Familie, wie zum Beispiel von den Großeltern, erfährt. Die Unterstützung der Kleinfamilie durch andere Familienmitglieder ist von großer Bedeutung, weil die Stressfaktoren und die Belastungen mit einem kleinen Baby sehr groß sind. Jeder aus der Großfamilie, der die Kleinfamilie entlasten kann, etwa in organisatorischen Dingen, und auch für die Sorgen und Nöte der Eltern ein Ohr hat und ihnen damit zur Verfügung steht, ist eine große Hilfestellung und fördert den Zusammenhalt

der Kleinfamilie. Es ist durchaus wichtig, dass die Kleinfamilie ein inneres, eigenständiges Gefühl im Sinne von »Wir sind eine Familie« bekommt und ihre Eigenständigkeit nicht gleich durch die Erwartungen der Großfamilie aufgelöst wird. Es wäre sehr stressvoll, wenn sich ein Streit entwickeln würde, wem das neue Baby »gehört«: den jungen Eltern oder etwa den Großeltern oder den Tanten der Eltern oder ihren Geschwistern. Es ist schön, wenn sich die Eltern Zeit nehmen und sich darüber austauschen, wie sie sich jetzt als Familie zu dritt oder gar zu viert etc. – wenn auch schon mehrere Geschwisterkinder da sind – erleben. Auf jeden Fall muss sich die Familie in einer neuen Konstellation zusammenfinden. Hier stellt sich die Frage, ob der Vater mit der Mutter, die Mutter mit dem Baby, das Baby mit dem Vater, das heißt alle in dieser kleinen Gruppe miteinander in Beziehung stehen. Wenn Geschwisterkinder da sind, sollten diese natürlich auch miteinander und untereinander Kontakt haben.

Es ist dringend erforderlich, dass sich die junge Familie immer wieder darüber Rechenschaft ablegt und austauscht, wie denn die Beziehungen untereinander sind: Wer hat mit wem Kontakt? Hat die Mutter mit dem Baby Kontakt? Hat der Papa eine emotionale Beziehung zum Baby und ist die Beziehung auf der emotionalen Ebene zwischen den Partnern erhalten geblieben? Sollten die Eltern feststellen, dass sie zwar als Eltern gut »funktionieren« und sich beide sehr liebevoll um das Baby kümmern, einander aber als Paar längst aus den Augen verloren haben und die emotionale Beziehung zueinander immer weniger gelebt und erlebt wird, ist es höchste Zeit, diese partnerschaftliche Beziehung wieder mehr in den Mittelpunkt zu stellen. Andernfalls wird sich das Paar zunehmend weiter auseinanderleben, was früher oder später die Elternschaft gefährden wird. Babysitter und zusätzliche Hilfen durch eine Fremdbetreuung, die es den Partnern ermöglichen, Freiräume zu nutzen und als Paar wieder mehr Zeit miteinander zu verbringen, sind hier von großer Bedeutung.

Sind die Spannungen allerdings schon so groß, dass die Partner nicht mehr gut alleine miteinander reden können, dann ist es höchste Zeit, eine psychologische Beratungsstelle aufzusuchen.

AUFNAHME DER FAMILIE IN WEITERE GRUPPEN

Es kann stabilisierend und unterstützend wirken, wenn die Eltern nicht nur in die erweiterte Familie, sondern auch in weitere gesellschaftliche Gruppen integriert sind. Hierzu gehören etwa Eltern-Kind-Gruppen, aber auch religiöse Gruppen. Für viele Eltern ist es durchaus einer Überlegung wert, ihr Baby taufen zu lassen. Die Aufnahme eines Kindes in eine religiöse Gemeinschaft, die die Eltern ebenfalls unterstützt und trägt und ihnen Rückhalt gibt, ist für viele Eltern von großer Bedeutung, obwohl sie sich vielleicht sonst kaum einer Kirche verbunden fühlen. Es ist erstaunlich, dass sich doch so zahlreiche Elternpaare wünschen, dass ihr Baby in einen religiösen Kontext aufgenommen wird.

Viele Eltern haben auch gute Beziehungen zu Freunden und Bekannten, über die sie sich sehr stabilisieren, indem sie gemeinsam in Krabbelgruppen oder in andere Eltern-Kind-Gruppen gehen. In diesen Gruppen können sie sich mit anderen Eltern, die Babys haben, über ihre Sorgen und Nöte sowie über Fragen zur Weiterentwicklung ihres Kindes austauschen. Allein schon der Gruppenkontakt stabilisiert die Eltern und hilft auch den Babys, sich mit anderen Kindern schon sehr früh real und emotional auseinanderzusetzen. Die Bindung an Gruppen ist für viele Babys eine sehr stabilisierende und hilfreiche emotionale Erfahrung, wenn sie nicht zu stressvoll gestaltet wird, weil das Fehlen von Bezugspersonen diese Gruppenaktivität zu einer Bedrohung oder Überforderung für das Baby macht. Im besten Fall spüren die Babys, dass sie mit ihren Eltern Teil einer Gruppe sind, und können im Laufe der Zeit zu anderen Babys erste emotionale Kontakte aufbauen. Hierzu gehört es zum Beispiel, über Blickkontakt und später auch über die Sprache mit anderen in Beziehung zu treten, Dinge zu teilen, sich auf andere im Spiel zu beziehen. All diese Gruppenerfahrungen sind extrem wichtig für die Entwicklung von Babys und helfen ihnen, sich in Gruppen – später etwa in der Krippe, im Kindergarten oder in der Schule – besser zurechtzufinden.

Es ist allerdings von großer Bedeutung, dass Babys nicht einfach nur in Gruppen »abgesetzt« werden, sondern dass sie jeweils von ihrer Bindungsperson begleitet und unterstützt werden, damit die vielfältigen emotionalen Reaktionen, die zwischen den Kindern in der Gruppe entstehen, auch von den Eltern gut aufgefangen und begleitet werden können. Stressvolle Überforderungssituationen, die in solchen Gruppen entstehen, wenn die Babys allein gelassen werden und ihnen niemand bei der Stressregulation hilft, fördern nicht das Gruppengefühl und die Sicherheit in einer Gruppe. Sie können vielmehr dazu führen, dass die Babys vor Gruppen Angst haben. Es könnte dann sein, dass sich das Baby weigert, mit anderen Kindern zu spielen, und sich immer mehr in sich zurückzieht, was keinesfalls wünschenswert ist. Daher ist es von Anfang an wichtig, dass die Eltern sich gut darauf einstellen, dass sie ihr Kind bei den ersten Erfahrungen in Gruppen unterstützen und feinfühlig begleiten.

ELTERN UND IHR BABY – IDEALVORSTELLUNGEN UND REALE PROBLEME

BINDUNGSENTWICKLUNG DES KINDES IM ERSTEN LEBENSJAHR

Damit sich das Kind sicher an seine Mutter beziehungsweise an den Vater binden kann, müssen diese als Pflegepersonen feinfühlig sein, die Signale des Kindes richtig erkennen und angemessen und prompt darauf reagieren. Sie müssen aber auch emotional verfügbar sein, damit sie die Signale ihres Kindes überhaupt wahrnehmen und sich darauf einstellen können. Bei der Interpretation der Signale wird es immer wieder Missverständnisse geben, dies ist ganz normaler Alltag. Sollten die Eltern bemerken, dass ihr Baby die Antwort auf ein Signal ablehnt, müssen sie erneut anfangen zu überlegen, welche andere Reaktion auf das entsprechende Signal passen könnte. Hierbei ist es wichtig, dass die Eltern nicht eigene Wünsche, Bedürfnisse und Hoffnungen auf ihr Baby projizieren. Es ist normal, dass sich die Eltern wünschen und vorstellen, ihr Baby würde nun bald einschlafen, wenn sie selbst sehr müde und erschöpft sind. Es kann aber durchaus sein, dass das Baby noch hellwach ist und gar nicht daran denkt einzuschlafen, sondern vielmehr mit den Eltern spielen möchte. Es ist also möglich, dass die Bedürfnisse der Eltern und die des Babys weit auseinanderliegen. Hier kommt es zu einem »klassischen« Konflikt und es wäre nicht unverständlich, wenn die Eltern ihren Wunsch, das Baby möge schlafen, aufgrund ihrer eigenen Müdigkeit auf das Baby übertragen und es für müde und erschöpft halten, auch wenn dies vielleicht gar nicht so ist.

Nicht selten kommt es vor, dass die Eltern noch Idealvorstellun-

gen in Bezug auf das Verhalten und die Reaktionen des Babys und seine Entwicklung haben. Auch diese Idealvorstellungen könnten dazu führen, dass die Eltern bestimmte Erwartungen, Wünsche und Hoffnungen auf das Baby übertragen und es so sehen, wie sie es sehen möchten. Wenn das Baby aber ganz anders »funktioniert« und diese Erwartungen und Wünsche nicht erfüllt, kann es zu Konflikten, Spannungen und Missverständnissen kommen. Werden diese Missverständnisse nicht korrigiert, entsteht daraus für das Baby ein großer Stress, weil es sich von den Erwartungen der Eltern weder abgrenzen noch diese zurückweisen kann.

BEISPIEL Jonas ist 12 Monate alt. Seine Mutter spielt in jeder freien Minute Klavier und Gitarre und kann sich so sehr gut entspannen. Sie hat Jonas schon sehr früh Rasseln, Glockenspiel und andere Musikinstrumente gekauft und gehofft, dass dieser ganz spielerisch Spaß am Musikmachen bekommen werde. Irgendwie war Jonas aber von den Musikinstrumenten nicht so fasziniert, wie seine Mutter sich dies erhofft hatte. Sie reagierte hierauf eher enttäuscht. Erst Monate später, als die Erzieherinnen in der Krippe ihr begeistert erzählten, wie toll Jonas schon mit den Wachsmalkreiden malte, konnte sie sich auch darüber freuen und Jonas dafür loben. So entdeckte Jonas für sich seine Möglichkeit, sich kreativ auszudrücken.

BABYS »TRIGGERN« ELTERN

Es kann sein, dass bestimmte Verhaltensweisen des Säuglings die Eltern »triggern«. *Triggern* bedeutet, dass die Eltern plötzlich an eigene unverarbeitete Erlebnisse und Gefühle aus ihrer Kindheit erinnert werden. Man kann sich das so vorstellen, dass alte unangenehme Erinnerungen, die mit intensiven Gefühlen verbunden sind, gleichsam in einer »seelischen Kiste« aufbewahrt werden. Durch das Verhalten des Babys, zum Beispiel heftiges Weinen, kann es passieren, dass der Deckel dieser Kiste auffliegt und die Eltern von den Bildern und Gefühlen aus Kindheitstagen überschwemmt werden. Diese Vorgänge sind unbewusst und können bei den Eltern große eigene Ängste, Wut, Scham oder Hilflosigkeit auslösen.

BEISPIEL Vivien war gerade 14 Monate alt, als sie anfing, ihre ersten Schritte frei zu laufen. Rasch wurde sie immer besser darin und konnte schon ganz schnell durch die Gegend rennen. Nur ganz selten fiel sie noch hin.

An einem Tag war Vivien mit ihrer Mutter auf dem großen Marktplatz. Sie liebte es, den Tauben hinterherzurennen. Als Vivien etwas weiter und schneller von ihrer Mutter weglief, schrie diese plötzlich auf und rannte voller Panik hinter Vivien her, um sie »einzufangen«. Diese war noch weit von der Autostraße entfernt und es bestand keine Gefahr. Die Mutter war aber plötzlich innerlich von einem Bild überwältigt worden; ein alter »Film« lief vor ihren Augen ab: Ihr kleiner Bruder war vom Spielplatz weg- und einem Ball hinterhergerannt, schnurstracks auf die Straße zu. Sie hatte als Achtjährige hilflos mit ansehen müssen, wie er vor ein Auto gelaufen und dabei schwer verletzt worden war. Immer wieder, bis heute, läuft dieser Film vor ihrem »inneren Auge« ab, ohne dass sie ihn stoppen kann. Viele Jahre, eigentlich bis in die Gegenwart, hat sie sich die Schuld für diesen Unfall gegeben, weil sie nicht besser auf ihren Bruder aufgepasst hatte, obwohl sie damals *mit ihrer Mutter* auf dem Spielplatz war.

Als Vivien jetzt so schnell sie konnte losraste, war dies der Auslöser dafür, dass der alte Film vom Unfall ihres kleinen Bruders und die Angst und die Panik mit dem Gefühl der Hilflosigkeit auch »losliefen«, so dass sie voller Angst aufschrie und hinter Vivien herraste.

WIEDERHOLUNGEN DER GEISTERGESCHICHTEN AUS DER EIGENEN KINDHEIT

Werden die Eltern durch das Verhalten des Babys an eigene belastende Kindheitsgeschichten erinnert und von vielen Gefühlen überschwemmt, kann es sein, dass sie in den Augen von Außenstehenden »verrückt« oder »komisch« auf ihren Säugling reagieren. Es kann sein, dass sie die Nähewünsche des Babys zurückweisen, indem sie nicht mehr mit ihm sprechen, aus dem Raum gehen, es alleine zurücklassen oder plötzlich Handlungen abbrechen, das Baby anschreien oder auch ihm gegenüber gewalttätig werden. Wichtig ist, dass diese Vorgänge unbewusst ablaufen. Das Baby ist in dieser Wiederholung vergangenen Geschehens ein ausgeliefertes Opfer, das sich nicht wehren kann. In der Regel haben sich die Eltern fest vorgenommen, eigene schlimme Erlebnisse aus ihren Kindheitstagen nicht mit dem Baby zu wiederholen. Manchmal ist ihnen nicht bewusst, welche schmerzlichen Erlebnisse sie emotional abgespalten haben und nicht mehr erinnern. Die Erlebnisse – gute wie schlechte – aus den Kindheitstagen der Eltern können an die eigenen Kinder weitergegeben werden. Im Falle einer Wiederholung positiver Erlebnisse werden die Eltern sich mit ihrem eigenen Baby daran erfreuen, und diese Erfahrungen führen bei ihm zu einem emotionalen Wachstum. Werden dagegen die bösen »Geistergeschichten« aus der eigenen Kindheit mit dem Baby wiederholt, sind die Eltern in der Regel sehr erschrocken, sobald sie diese

Wiederholung erkennen. Sie sind unglücklich, weil sie dies nicht vermeiden konnten, wissen in der Regel aber keinen Ausweg. Wenn die Eltern bemerken, dass sie in solche Wiederholungssituationen hineingeraten sind, ist es höchste Zeit, sich Rat und Hilfe zu suchen, zum Beispiel in einer psychologischen Beratungsstelle oder auch mittels einer ambulanten Psychotherapie.

BEISPIEL »Gute Geister« aus der eigenen Kindheit: Milan war ganz begeistert, dass er seiner Mutter beim Teigkneten helfen durfte. Obwohl er erst 18 Monate alt war, konnte er mit Unterstützung seiner Mutter schon erste Versuche machen, den Teig auszurollen. Beide, Mutter wie Sohn, hatten riesigen Spaß dabei, strahlten und waren ganz glücklich. Sobald die Mutter mit dem Kuchenbacken begann, war sie guter Laune, denn tief im Inneren erinnerte sie sich an die vielen schönen Stunden, die sie als Kind in der Küche gemeinsam mit ihrer Großmutter beim Backen und Kochen zugebracht hatte. Die Großmutter hatte Zeit, konnte ihr zuhören, und sie lernte ganz nebenbei viele Rezepte von Speisen, die bis heute ihre Lieblingsgerichte sind. Dieses schöne Gefühl stellte sich immer ein, sobald sie mit ihrem Sohn in der Küche zu werkeln begann. Schon als Kind hatte sie sich immer vorfantasiert, dass sie auch einmal mit ihren eigenen Kindern gemeinsam kochen und backen und ihre Erfahrungen weitergeben würde.

BEISPIEL »Böse Geister« aus der eigenen Kindheit: Die Mutter konnte es kaum glauben und erschrak, als sie sah, wie zornig ihre gerade mal 12 Monate alte Tochter Emilia schreien konnte, wenn sie etwas nicht bekam, was sie unbedingt haben wollte. Es machte ihr Angst und sie fühlte sich angesichts des wütenden Gesichts ihrer Tochter sehr hilflos und wütend. Sie war sprachlos und wusste nicht, was sie machen sollte. Am liebsten wäre sie einfach davongelaufen und hätte sich in ein anderes Zimmer zurückgezogen. Ihre eigene Wut wurde manchmal in solchen Situationen so groß, dass sie fürchtete, sie selbst könnte auf der Stelle »explodieren« und ihrer Tochter etwas antun. Sie erinnerte sich, dass es ihr als Kind absolut verboten gewesen war, ihren Eltern zu widersprechen. Unbedingter Gehorsam war ein hohes Erziehungsziel ihrer Eltern gewesen! Nur einmal, so konnte sie sich noch dunkel erinnern, hatte sie es gewagt, ihre Mutter ganz zornig anzuschreien. Daraufhin hatte diese sie schimpfend in ihr Kinderzimmer geschickt und dort eingesperrt. Sie hatte erst wieder herauskommen dürfen, als sie versprochen hatte, nie wieder wütend zu werden und sich nicht so ungezogen zu verhalten. Sie erinnerte sich noch, wie einsam und hilflos sie sich in ihrem Zimmer gefühlt hatte und dass sie Angst bekommen hatte, die Mutter hätte sie nicht mehr lieb. Daher war sie bereit gewesen, sofort alles zu versprechen, nur um wieder mit der Mutter »gut« zu sein und aus dem Zimmer herauszukommen. Bis in die Gegenwart konnte sie als Erwachsene weder mit der eigenen noch mit der Wut anderer Menschen umgehen. Sie bekam immer gleich Angst, dass die Beziehung zu anderen gefährdet sein könnte. Auch wenn sie manchmal innerlich »kochte«, war sie nach außen sehr um Harmonie bemüht. Schon als Kind hatte sie sich geschworen, dass sie ihr eigenes Kind nie in sein Zimmer einsperren würde. Aber beim letzten Wutanfall ihrer Tochter hatte sie sich genau bei dieser Fantasie ertappt, als sie dachte: »Wenn sie jetzt wieder so wütend brüllt, kommt sie in ihr Zimmer!«

VERARBEITUNG DES GEBURTSERLEBENS

Es ist sehr wichtig, dass sowohl die Mutter als auch der Vater über das Geburtserlebnis sprechen können. Nicht jede Geburt verläuft wie erwartet. In der Regel ist es sogar so, dass all die positiven Erwartungen, die Eltern in Bezug auf die Geburt haben, so nicht zutreffen. Oft sprechen sie mit anderen Eltern über positive und negative Erlebnisse bei der Geburt. Dies hilft ihnen, das Geburtserleben zu verarbeiten. Manchmal werden Geburtssituationen aber als traumatisch erlebt, besonders wenn in einer Notfallsituation ein Kaiserschnitt erforderlich war, die Mutter eventuell noch auf der Intensivstation behandelt werden musste, in Lebensgefahr war, oder auch das Baby zu früh geboren wurde und ebenfalls intensivmedizinisch versorgt werden musste. Unter diesen Bedingungen ist es notwendig, dass die Eltern Möglichkeiten bekommen, über dieses Erleben zu sprechen. Auch dies kann in einer psychologischen Beratungsstelle oder bei einer Therapie passieren. Oft wird in einer solchen Situation nur an das Geburtserleben der Mutter gedacht. Es ist zu beachten, dass oft auch die Väter die Geburt als emotional sehr intensiv bis überwältigend erleben. Dies kann der Fall sein, wenn die Geburt sehr lange dauert und der Vater plötzlich Angst um seine Partnerin bekommt, die während der Geburt so laut vor Schmerzen schreit. Auch körperliche Verletzungen der Mutter, die durch den Geburtsvorgang entstanden sind, müssen nicht nur äußerlich heilen, sondern auch emotional verarbeitet werden. Der Geburtsvorgang kann Gefühle von körperlicher Beschädigung, von einem Überwältigtsein oder einem Kontrollverlust mit sich bringen sowie die Angst, den Schmerzen und dem Geschehen vollkommen ausgeliefert zu sein. Das sind traumatische Erfahrungen, die immer wieder in Alpträumen und Bildern auftauchen. Besonders dann, wenn die Mutter oder auch der Vater solche Zeichen einer posttraumatischen Belastungsstörung aufweisen, ist für die Eltern rasche Hilfe erforderlich. Ein unverarbeitetes Geburtsgeschehen ist keine gute Voraussetzung für die Geburt des nächsten Kindes.

BEISPIEL Die Geburt von Marie kam sehr plötzlich und unerwartet. Als die Mutter in der 28. Schwangerschaftswoche zu einer Kontrolluntersuchung beim Arzt war, hatte dieser festgestellt, dass die Herztöne des Kindes nicht in Ordnung waren. Daraufhin wurde die Schwangere als Notfall in die Klinik überwiesen und bald nach der Aufnahme wurde ihr erstes Kind nach einem Notkaiserschnitt geboren. Der Vater, der kurz nach der Geburt in die Klinik kam, war vollkommen überwältigt, denn er hatte plötzlich Angst, um das Leben sowohl seiner Partnerin, die noch auf der Intensivstation lag, als auch um das seines Kindes, das auf der Intensivstation für Frühgeborene behandelt wurde und beatmet werden musste. Beide Eltern brauchten bei der Verarbeitung dieses traumatischen Erlebnisses, das für Mutter und Kind lebensbedrohlich war, intensive Unterstützung.

Wenn solche Erfahrungen nicht ausreichend gut bewältigt werden, ist es leicht vorstellbar, dass die Eltern bei einer nachfolgenden Schwangerschaft große Angst vor einer Wiederholung solcher Geschehnisse haben können.

DAS REALE BABY UND DIE REALEN ELTERN

TRAUERN UM DAS IDEALE BABY

Die Eltern haben bestimmte Idealvorstellungen vom Baby, in Bezug auf sein Temperament, seine Fähigkeiten und Eigenschaften, sein Aussehen, sein Geschlecht. Spätestens mit der Geburt zeigt sich aber, dass das Baby eine eigenständige Persönlichkeit ist, dessen Temperament und Fähigkeiten ganz anders ausfallen können, als die Eltern sich das vorgestellt hatten. Daher ist selbst bei einem gesunden Baby oftmals eine gewisse Trauerzeit nötig, bis sich die Eltern auf das reale Baby und seine spezifischen Eigenschaften eingestellt haben. Bemerkenswert in dieser Situation ist, dass Eltern selbst noch ein Jahr nach der Geburt das Temperament ihres Kindes gerne so beschreiben, wie sie es bereits während der Schwangerschaft getan haben. Diese Zuschreibung muss aber nicht unbedingt

mit der Beobachtung Außenstehender übereinstimmen. Die Erwartungen und Wünsche der Eltern haben großen Einfluss darauf, wie das Kind von ihnen gesehen wird. Natürlich wird das Verhalten des Kindes dadurch in gewisser Weise beeinflusst. Es wird schlimmstenfalls zu einem großen Kampf, zu Enttäuschungen und Verhaltensstörungen führen, wenn die Eltern versuchen, das Kind ihrem Wunschbild anzupassen. Da die Bindungspersonen für das Baby überlebenswichtig sind, wird es notfalls versuchen, sich den Wünschen und Erwartungen seiner Eltern so weit wie möglich anzunähern, unter Aufgabe der eigenen Absichten und Eigenschaften. Wir bezeichnen diesen Vorgang auch als Entwicklung eines »falschen Selbst«. Diese hat zur Folge, dass das Baby kein eigenständiges, authentisches Selbstgefühl entwickeln kann. Es wird sich später immer schnell den Erwartungen anderer Menschen anpassen, ohne eigene Bedürfnisse oder eine eigene Meinung zu äußern, aus Angst, abgelehnt zu werden. Erst in einer Therapie wird dann die Möglichkeit bestehen, ein authentisches Selbstwertgefühl nachträglich mühsam zu erwerben.

ABSCHIED VON DER IDEALEN MUTTER

Auch die Mutter hat sicherlich vor und während der Geburt ein Idealbild von sich vor Augen. Ebenso wird sie mit entsprechenden Erwartungen des Partners, wenn auch oft unterschwellig, konfrontiert: Sie soll geduldig, geruhsam, allzeit verfügbar sein, gleichzeitig auch noch ihren Beruf im Auge behalten und Haushalt und Kind wie ganz nebenbei versorgen. Die reale Mutter ist dann aber oftmals müde und erschöpft, ist mit den Nerven am Ende, weil das Baby oft weint, nicht schläft, schlecht isst. Sie hat große Schwierigkeiten, ihren Haushalt und ihre sonstigen Alltagsaktivitäten zu koordinieren und zu regeln, weil sie durch die Verhaltensweisen und Schlafrhythmen des Babys immer wieder gestört wird. Sie vermisst ihre eigene berufliche Tätigkeit und Gespräche mit ihren Berufskollegen und gerät zunehmend mehr in eine schlechte Stimmung.

ABSCHIED VON DEM IDEALEN VATER

Auch der ideale Vater, der nach Hause kommt, das Baby versorgt, die Mutter entlastet und sich um den Haushalt wie um die Familie kümmert, entpuppt sich oft als ein »frommer Wunsch«. Denn nach der Arbeit ist auch er müde und erschöpft, erwartet selbst Versorgung und Entlastung, so dass nicht selten Streit darüber entsteht, wer jetzt am ehesten Unterstützung verdient hätte: die Mutter, die den ganzen Tag feinfühlig das Baby versorgt, den Haushalt in Schuss hält und auf berufliche Bestätigungen verzichtet, oder der Vater, der den ganzen Tag im Stress des Alltags, der Berufswelt unterwegs war und zu Hause Entspannung und auch Versorgung erfahren möchte.

In dieser Situation ist es für die Eltern wichtig, auch zu betrauern, dass die Fantasien vom idealisierten Baby, der idealisierten Mutter und dem idealisierten Vater nicht Wirklichkeit geworden sind und auch in Zukunft nicht realisiert werden können. Ein schmerzlicher Anpassungsprozess an die Realitäten ist dringend notwendig, damit die Eltern das verändern und erreichen können, was möglich ist.

PARTNERSCHAFT

PARTNERSCHAFT VOR DER GEBURT

Schon während der Schwangerschaft kommt es zu einer Veränderung in der partnerschaftlichen Beziehung. Die Mutter konzentriert sich mehr und mehr auf die Schwangerschaft und die emotionale Bindung zum Ungeborenen. Vermutlich tritt auch der Vater in eine positive Beziehung zu seiner Partnerin und dem ungeborenen Baby, indem er ebenfalls mit seinem Kind spricht, die Kindsbewegungen durch die Bauchdecke der Mutter beobachtet und fühlt und somit mehr und mehr mit dem Baby in einen emotionalen Kontakt kommt. Durch diese Aktivitäten nehmen sich die Partner aber weniger Zeit füreinander, und je näher die Geburt rückt, desto mehr konzentriert sich alles Denken, Fühlen und Handeln auf das Baby. Der Kontakt zu Freunden tritt vielleicht in den Hintergrund, während der zu anderen schwangeren Paaren ausgedehnt wird. Dies geschieht allein durch die vielfältigen Kontakte, zum Beispiel im Geburtsvorbereitungskurs, aber auch in einer SAFE®-Gruppe. Es ist durchaus nicht ungewöhnlich, dass sich auch die Sexualität verändert. Männer befürchten, sie könnten durch die Sexualität dem Baby oder ihrer Partnerin Schaden zufügen oder die Schwangerschaft gefährden. Frühere gemeinsame, etwa sportliche Aktivitäten treten vielleicht in den Hintergrund, weil die Schwangere nur eingeschränkt oder gar nicht mehr daran teilnehmen kann. Dafür entstehen eventuell neue partnerschaftliche Aktivitäten wie die Teilnahme an einem Geburtsvorbereitungskurs, Wickelkurs, Säuglingspflegekurs oder eben auch an einem SAFE®-Kurs. Diese Aktivitäten, die mit dem Baby und dem Elternwerden in Zusammenhang stehen, schweißen die Partner als zukünftige Eltern zusammen, weniger jedoch als Paar. Daher müssen sie sich sehr bewusst darum bemühen, schon während der Schwangerschaft Zeit für gegenseitigen Austausch, für Gespräche, die nichts mit dem Baby zu tun haben, sowie für Sexualität, Urlaub und Freizeit zu reservieren. Gerade Zeit, die der Zweisamkeit gewidmet ist, die nicht durch Dritte gestört wird und in der man dem Partner bzw. der Partnerin dann ungeteilte Aufmerksamkeit zukommen lassen kann, ist für das Erleben und ein gesundes Fortbestehen der Partnerschaft von großer Bedeutung.

PARTNERSCHAFT NACH DER GEBURT

Nach der Geburt ist es schwieriger, aber nicht minder wichtig, dass das Paar *als Paar* lebendig und in einer erfüllten Beziehung bleibt. Erfahrungsgemäß richtet sich nach der Geburt so viel Aufmerksamkeit auf das Baby, dass das Paar sich selbst zumindest vorübergehend aus den Augen verliert. Die Eingewöhnungsphase mit dem neuen Baby, die Aufgaben des Stillens, Fütterns, Wickelns erfordern so viel Zeit und sind emotional so beanspruchend – was auch für das Entwickeln einer Beziehung zum Baby gilt –, dass kaum mehr Raum und Zeit für anderes bleibt. Nicht nur die Paarbeziehung, auch die Beziehung zu anderen Geschwisterkindern gerät gerne ins Hintertreffen. Es ist absolut notwendig und wichtig, dass das Paar gezielt Zeit für einen gegenseitigen Austausch und für gemeinsame Aktivitäten einplant. Gespräche, gemeinsame Aktivitäten, Zeit für Zärtlichkeit und Sexualität, Zeit für gemeinsame Freizeit- und Urlaubsaktivitäten sowie Rückzugsmöglichkeiten für jeden Einzelnen, damit man sich als Paar wieder neu begegnen kann, sind für den Bestand der Partnerschaft ganz grundlegend, ja überlebenswichtig! Wenn die Partnerschaft sich nicht weiterentwickelt und auch die Sexualität des Paares nicht in einer lebendigen Beziehung erhalten bleibt, werden früher oder später zahlreiche

Spannungen entstehen. Es ist nicht ungewöhnlich, dass sich Partner – öfter die Männer – frustriert zurückziehen und lange Zeit brauchen, bis sie auf die Probleme zu sprechen kommen. Die Mutter »tröstet« sich vielleicht emotional mit dem Baby, indem sie diesem ihre ganze Aufmerksamkeit schenkt. Auf diese Weise sind ihre Bedürfnisse »gut abgedeckt«, während die emotionalen und körperlichen Bedürfnisse des Mannes zunehmend unbefriedigt bleiben. Wenn der Partner dies anspricht und sein Unwohlsein oder auch seine Frustration hierüber in die Partnerschaft einbringt, kann hieraus – eventuell mit Unterstützung von außen und von Freunden – ein kreativer Dialog zwischen den Partnern entstehen. Zieht sich der Partner aber nur zurück, ist die Wahrscheinlichkeit sehr groß, dass er seine Frustrationen – auch seine sexuellen – auszugleichen versucht. Dies kann – im besten Fall – dazu führen, dass er seine sexuellen Wünsche und Bedürfnisse sublimiert und mehr arbeitet, neue Aufgaben übernimmt. Im schlechtesten Fall kommt es zur außerehelichen Beziehung, die eine große Belastung für die Partnerschaft darstellt. In der Regel ist dies für den anderen Partner sehr kränkend, so dass es einer intensiven Aufarbeitung bedarf, um solche Verletzungen wieder zu heilen. Oftmals ist dies aber nicht möglich, so dass es schon in sehr frühen Zeiten der Elternschaft zu einer Trennung des Paares kommen kann. Eine solche Entwicklung ist schmerzlich für alle, weil die Partner darüber beide sehr enttäuscht sind. Die Frustrationen werden meistens am jeweils anderen Partner festgemacht. Leidtragende sind alle, am meisten aber natürlich das Baby, das in einer emotional stabilen Beziehung mit beiden Elternteilen aufwachsen möchte.

ELTERN, BABY UND GESCHWISTERRIVALITÄT

Wenn sich die Eltern während der Schwangerschaft noch gefragt haben, ob sie denn ein zweites Kind genauso lieben könnten wie das erste, so wird diese Frage oftmals mit der Geburt gegenstandslos: Sie sind bei der Geburt erneut von Freude überwältigt. Manchmal aber ist es tatsächlich so, dass es den Eltern beim ersten Kind leicht fällt, sich emotional auf das Baby einzulassen und die sich entwickelnde Beziehung zu genießen, dagegen beim zweiten Kind das miteinander »Warmwerden« zwischen Eltern und Kind viel schwerer fällt und länger dauert. Nicht selten übertragen die Eltern ihre Erfahrungen und Erwartungen vom ersten Kind auf das zweite Baby. Sie erwarten, dass das zweite Kind sich so verhält, ein ähnliches Temperament zeigt, wie ihr erstes Kind. Aber jedes Kind ist anders, verhält sich schon während der Schwangerschaft im Bauch der Mutter anders als das erste Kind, ist vom Temperament ganz unterschiedlich, von der Lautstärke des Weinens, dem Aktivitätsniveau usw. Somit liegen manche Babys der Mutter bzw. dem Vater von Anfang an relativ gut, der Kontakt und Beziehungsaufbau ist einfach, und das zweite Kind ist plötzlich »so anders« als man als Mutter oder Vater selbst ist. Wenn eine Mutter introvertierter ist, und das erste Kind ähnlich vorsichtig und langsam auf Reize reagiert, bewegt sich die Mutter mit ihrem Baby in einer ihr vertrauten Welt. Ist das zweite Kind dann sehr laut und temperamentvoll, extrovertiert aktiv, kann das die eigene Persönlichkeit der Eltern ganz schön herausfordern bis überfordern. Im besten Fall hilft das zweite Kind den Eltern, ihre eigene Persönlichkeit weiter zu entwickeln und neues auszuprobieren. Nicht selten wird auch das zweite »neue Baby« ab seiner Geburt an den Fähigkeiten und der Beziehungsqualität, die sich schon über viele Monate mit dem ersten Baby entwickelt hat, »gemessen«. Das kann dann nur zur Enttäuschung führen, wenn sich die Eltern nicht vor Augen führen, dass es auch mit ihrem ersten Baby lange gedauert hat, bis sie miteinander vertraut waren und sich emotional so gut verstanden haben.

Auch die Geschwisterkinder freuen sich über die Ankunft des Brüderchens oder Schwesterchens. Allerdings spüren sie auch sehr rasch, dass sich die Gefühle, die Begeisterung und das Interesse der Eltern – sowie auch der Freunde und Verwandten – ganz auf das Baby konzentrieren. Es ist für das Geschwisterkind schmerzlich, macht es traurig und wütend, dass es plötzlich nicht mehr so im Rampenlicht steht. Die Gefühle des Geschwisterkindes kommen im Kleinkindalter oft in verschiedenen Symptomen zum Ausdruck: Die Kinder werden plötzlich wieder zu Babys, sie sprechen in Babysprache, brauchen eine Windel, Flasche und Schnuller. Sie finden das Baby nach einiger Zeit »doof« und wollen es wieder zurückgeben.

Ältere Kinder, die schon mehr bei der Pflege beteiligt werden können, genießen zeitweise die Rolle der »Großen«. Sie lernen so ganz spielerisch, mit dem Baby umzugehen. Aber mit der Zeit sind auch die Spiele mit den Freunden wieder attraktiv. Die Trauer und die Wut über das Geschwisterkind drücken sich dann etwa so aus, dass sie weniger kooperativ sind, häufiger wieder Wutanfälle bekommen, auf Kritik weinerlich reagieren, einnässen oder sogar einkoten und nachts wieder häufiger ängstlich aufwachen und die Nähe der Eltern suchen.

Hier brauchen die Eltern viel Verständnis und müssen den Geschwisterkindern ihre Gefühle zugestehen und mit ihnen auch da-

rüber sprechen. Es ist hilfreich, wenn ein Elternteil, etwa der Vater, sich vermehrt um die Geschwisterkinder kümmert und für sie emotional ansprechbar ist und auch gezielt etwas mit ihnen unternimmt. Genauso wichtig ist es, dass die Mutter sich bewusst Zeit für die Geschwisterkinder nimmt und diese Zeit einplant, sobald das Baby schläft oder etwa durch den Vater oder einen Babysitter versorgt wird. Dabei genießt es jedes Kind, wenn sich die Mutter wirklich einmal nur für das jeweilige Geschwisterkind Zeit nimmt und sich ganz auf dieses konzentriert. Solche Momente und Begegnungen sind Balsam für seine traurige Seele. Es wird auf diese Weise etwas dafür entschädigt, dass es während des Tages so oft warten und seine Bedürfnisse aufschieben musste, weil immer zuerst das Baby zu versorgen war. Wichtig ist, dass die Eltern dem Baby nicht die Schuld geben, denn das würde die Wut des Geschwisterkindes auf das Baby noch steigern. Stattdessen können die Eltern die Verantwortung für die Frustrationen des Geschwisterkindes auf sich nehmen, weil sie keine Zeit hatten, vertrösten mussten, nicht mitspielen konnten. Dann sind eher Mama oder Papa »doof«, aber die können dann die Wut des Geschwisterkindes besser aushalten und feinfühlig auf seine Frustrationen reagieren.

BEISPIEL Antonia wurde gerade drei Jahre alt, als ihr kleiner Bruder Alexander geboren wurde. Die Eltern freuten sich, dass Antonia nach den Sommerferien in den Kindergarten gehen konnte, so dass die Mutter vormittags viel Zeit für die Versorgung von Alexander haben würde. Obwohl sich Antonia auf den Kindergarten freute, wollte sie nach einer Woche unbedingt bei ihrer Mutter und dem Baby zu Hause bleiben. Sie bekam Wutanfälle, wenn das Wort Kindergarten nur erwähnt wurde, wollte wieder eine Windel und eine Flasche haben, auch an der Brust der Mutter trinken wie Alexander. Nur die Mutter durfte sie abends bettfertig machen, sie ließ sich wieder füttern und begann in einer eigenen Babysprache zu sprechen, die kaum zu verstehen war. Die Eltern waren schockiert, weil ihre »Große« sich so veränderte. Eines Abends war Antonia schrecklich wütend und schrie: »Alexander soll weg!«. Dann weinte sie bitterlich in den Armen ihrer Mutter und sagte, dass sie nie wieder einen Bruder haben wolle. Die Mutter und auch der Vater trösteten sie, weil sie ihren Schmerz, ihre Wut und ihre Trauer so gut verstehen konnten, denn Antonia war wirklich in den vergangenen Wochen, nach der Geburt, »zu kurz« gekommen. Ab jetzt kümmerte sich der Vater abends gezielt um das Baby, während die Mutter Zeit mit Antonia verbrachte: Sie spielten zusammen, Antonia wurde gebadet, die Mutter nahm sie auf ihren Schoß und erzählte ihr eine Gute-Nacht-Geschichte. Zu diesen Abendzeiten konnte Antonia plötzlich wieder entsprechend ihrem Alter sprechen und brauchte weder Windel noch Flasche zum Einschlafen, sondern nur die Nähe ihrer Mutter. Am Wochenende nahm sich der Vater Zeit für Antonia und unternahm mit ihr besondere Ausflüge, die nur sie, als »Große«, mit dem Vater machen durfte. Stolz konnte sie ihrem Bruder von den vielen Tieren im Zoo erzählen, die er noch nicht sehen könne, weil er noch so klein sei. Nach zwei Wochen fragte Antonia, wann sie wieder in den Kindergarten gehen könne. Wiederum erzählte sie dem Bruder stolz, dass sie ab morgen in den Kindergarten ginge, in den nur Kinder im Alter von drei Jahren aufgenommen würden.

FREMDBETREUUNG DES BABYS UND DIE BEDEUTUNG VON TRENNUNGEN

FREMDBETREUUNG

Damit die Eltern eine lebendige Partnerschaft leben und erhalten können, ist Zeit für Zweisamkeit erforderlich. Diese kann aber nur dann entstehen, wenn das Baby gut versorgt und betreut ist und die Eltern sich entspannt auf die Partnerschaft einlassen können. Wenn die Sorge um das Baby oder seine Entwicklung die Eltern ständig beschäftigt oder im Hintergrund mitschwingt, ist ein entspanntes Zusammensein als Paar kaum möglich. Aus diesem Grunde ist es sehr früh notwendig, darüber zu sprechen, wer der jungen Familie helfen und sie durch eine Fremdbetreuung für das Baby entlasten kann. Für die Fremdbetreuung kommen in Frage: Babysitter, Familienmitglieder, Tagesmütter, auch die Krippe oder Au-pair-Mädchen. Da diese Betreuungsmöglichkeiten unterschiedliche Vor- und Nachteile für die Bindungsentwicklung des Kindes haben, sollen sie im Folgenden beschrieben werden.

BABYSITTER

Es ist von großem Nutzen, sehr früh einen Babysitter mit in die Kinderbetreuung einzubeziehen. Die jugendliche Schülerin, die eine entsprechende große emotionale Feinfühligkeit hat, ist hierfür in der Regel hervorragend geeignet. Wenn das Baby noch sehr klein ist, ist es einfach, eine Babysitterin »einzugewöhnen«, die das Baby vielleicht zunächst nur auf dem Arm hält. Später, bei nachfolgenden Besuchen, kann sie mit ihm spielen, es auch wickeln und füttern, schließlich alleine mit dem Baby spazieren gehen. Durch diese stufenweise Übernahme von Pflegetätigkeiten kann das Vertrauen der Mutter zur Babysitterin wachsen, aber auch die Bindungssicherheit des Babys größer werden. Sehr bald – feinfühlige Qualitäten der Schülerin vorausgesetzt – wird es die Babysitterin freudestrahlend begrüßen, weil sie zu einer weiteren Bindungsperson geworden ist. Wenn die Entwicklung so auf den Weg gekommen ist, ist es nicht schwierig für das Paar, Zeiten der Zweisamkeit zu genießen. Die Babysitterin kann das Baby sowohl im Haus versorgen als auch mit ihm auf Spaziergängen unterwegs sein. Dies gibt dem Paar einen großen Freiraum für gemeinsame Aktivitäten wie Sport, Kino, gute Gespräche bei einem schönen gemeinsamen Essen oder Sexualität.

FAMILIENMITGLIEDER ALS BABYSITTER: Auch Familienmitglieder können gute Babysitter werden. Hierzu ist es aber ebenfalls notwendig, dass eine langsame Eingewöhnung mit dem Baby stattfindet. Nur weil die Großmutter eine erfahrene Mutter ist und auch eine Vertraute der Mutter des Babys, ist sie noch keine Bindungsperson für das Baby selbst. Erst wenn sich das Baby im Beisein der Mutter von ihr wickeln, füttern und auch ins Bett bringen lässt, kann die Mutter immer längere Zeiten abwesend sein. Es ist aber immer gut zu überlegen, ob Familienmitglieder Babysitter werden sollen. Solange der Kontakt zwischen der Mutter und dem Familienmitglied gut ist und die Erziehungsvorstellungen übereinstimmen, kann es eine günstige und schöne Lösung sein. Wenn aber Spannungen – etwa wegen unterschiedlicher Erziehungsvorstellungen – auftreten, ist es sehr schwierig, sich von einem Babysitter aus der Familie wieder zu trennen. Oft führt eine Trennung zu Konsequenzen und Irritationen in der erweiterten Familie, weshalb unter Umständen ein fremder Babysitter, der nicht mit der Familie verwandt ist, von großem Vorteil ist. Hier können die Eltern oft sehr viel leichter ihre eigenen Vorstellungen von bindungsorientierter, feinfühliger Erziehung vermitteln und die Babysitte-

rin anleiten. Wenn sich dagegen die Großmutter vielleicht mit ihrer eigenen Kompetenz und Erfahrung durchsetzen möchte, kann es zu ausgeprägten Konflikten und Rivalitäten kommen. Während die Eltern zum Beispiel ihr Baby trösten, wenn es nachts aufwacht, kann es sein, dass die Großmutter noch ganz ihrem Erziehungsstil folgt und durchsetzen möchte, dass niemand zu dem weinenden Baby ins Zimmer geht, um es »nicht zu verwöhnen«. Für eine sichere Bindungsentwicklung wäre es aber hilfreich, das Baby *nicht* alleine zu lassen, sondern es zu trösten.

TAGESMUTTER

Auch Tagesmütter können hervorragend in die Fremdbetreuung mit einbezogen werden. Es sollte eine entsprechend behutsame und ausreichend lange Eingewöhnung erfolgen. Hierzu müsste die Tagesmutter im Beisein der Mutter zunächst mit dem Kind spielen und es müsste festgestellt werden, ob dies vom Baby toleriert wird. Ein paar Tage später könnte die Tagesmutter versuchen, das Baby zu wickeln oder auch zu füttern, schließlich könnte sie das Baby zum Schlafen hinlegen oder wieder aufnehmen. Wenn sich das Baby von der Tagesmutter trösten lässt, wenn es weint, zeigt sich zunehmend, dass sie für das Baby zu einer weiteren sicheren Bindungsperson geworden ist. Unter diesen Umständen kann die Mutter dann auch mal für zehn bis zwanzig Minuten oder auch länger, je nach Reaktion des Babys, den Raum verlassen und das Baby der Tagesmutter überlassen. Wenn diese durch die feinfühlige Eingewöhnung zu einer weiteren Bindungsperson geworden ist, dürfte es später kein Problem sein, wenn das Baby mehrere Stunden am Tag von der Tagesmutter betreut wird. Im ersten Lebensjahr ist es nicht zu empfehlen, das Baby fünf Tage in der Woche für zehn und mehr Stunden fremd betreuen zu lassen. Mehrere Stunden an mehreren Tagen in der Woche sind allerdings zu empfehlen und haben den Vorteil, dass das Baby tatsächlich auch eine sichere Bindungsbeziehung zur Tagesmutter aufbauen kann. Sind Tagesmutter oder Babysitterin feinfühliger als die Mutter selbst, so könnte es passieren, dass sich das Baby bindungssicher an die Tagesmutter bindet, dagegen bindungsvermeidend an die leibliche Mutter. Vielleicht wehrt sich das Baby sogar, mit der Mutter nach Hause zu gehen, wenn diese es bei der Tagesmutter abholen möchte. Dies kann für die Mutter sehr irritierend sein. In einem solchen Fall sind Aufklärung und Hilfestellung für die leibliche Mutter erforderlich, damit sie lernen kann, ebenfalls eine sichere Bindungsperson für ihr Baby zu werden.

KRIPPE

Ähnlich wie zur Tagesmutter kann das Baby auch zur Krippenerzieherin eine weitere sichere Bindungsbeziehung aufbauen. Voraussetzung hierfür ist ebenso eine behutsame individuelle Eingewöhnung. Ein Kind ohne vorherige Eingewöhnung in der Krippe abzugeben würde für es großen Stress, ja eine traumatische Erfahrung bedeuten. Es ist daher absolut notwendig, dass das Baby im Beisein der Mutter zunächst einmal mit der neuen Krippenerzieherin als seiner neuen Bezugsperson spielt, später sich wickeln und füttern lässt, schließlich sich auch von ihr zum Schlafen hinlegen oder bei kleinen stressvollen Situationen auf den Arm nehmen und trösten lässt. Diese vorsichtige Steigerung in der Übernahme von Pflegeaufgaben kann über mehrere Tage erfolgen. Je körpernäher die Pflege ist, umso sicherer muss sich das Baby fühlen, um sich diese von der Erzieherin gefallen zu lassen. Sich von der Erzieherin zum Schlafen ablegen zu lassen verlangt vom Baby das größte Gefühl von Sicherheit gegenüber der Erzieherin. Ist all dies gewährleistet, kann die Mutter für kürzere und dann immer längere Zeiten den Krippenraum verlassen, um schließlich auch für ein bis zwei Stunden abwesend zu sein. Die Eingewöhnung vorsichtig und für das Baby wenig stressvoll zu gestalten und ihm die Möglichkeit zu geben, eine weitere sichere Bindungsbeziehung aufzubauen, ist von großer Bedeutung. Durch eine zu schnelle oder gar traumatisierende Eingewöhnung bei abrupter Trennung von der Mutter erlebt das Kind in der Krippe große Ängste, und die erste Trennungserfahrung wird im schlimmsten Fall zu einer traumatischen Erfahrung. Hinweise der Krippenerzieherin, dass die Trennung am besten »kurz und schmerzlos« durchgeführt werden soll, sind in gar keiner Weise bindungsorientiert und schaden dem Kind.

Entscheidend für das Wohlfühlen des Kindes in der Krippe ist natürlich auch die Krippenqualität. Hierzu gehören ganz besonders die emotionalen Fähigkeiten der Krippenerzieherinnen, die nach

Möglichkeit nicht selbst durch unverarbeitete frühere traumatische Erfahrungen oder dauerhaft durch emotionale Belastungen gestresst sein sollten. Unter diesen Bedingungen könnten sie sich schlecht auf die emotionalen Bedürfnisse der Kinder einlassen. Weiterhin ist von Bedeutung, dass ausreichend Personal für die Betreuung des Babys vorhanden sein muss. Für die Betreuung von Säuglingen ist ein Verhältnis von 1:2 empfohlen, das heißt eine Erzieherin betreut maximal zwei Säuglinge. Besteht die Gruppe sowohl aus Säuglingen als auch aus größeren Kindern, kann das Betreuungsverhältnis 1:3 sein, das heißt eine Erzieherin betreut drei Kinder, darunter vielleicht ein Säugling und ein zweijähriges und ein dreijähriges Kind. Wer eine wirklich feinfühlige Betreuung gewährleisten will, ist mit drei Kindern, darunter einem Säugling, schon sehr gefordert, manchmal sogar überfordert. Die heutigen Betreuungsverhältnisse von 1:6 oder gar 1:8 und mehr sind nicht akzeptabel und bergen das große Risiko, dass die Kinder emotionale Probleme bekommen. In der Regel versorgen dann zwei Erzieherinnen zwölf und mehr (!) Kinder im Alter von 0 bis 3 Jahren. Es kommt mitunter sogar vor, dass eine Krippengruppe aus 16 und mehr Kindern besteht: Man kann sich lebhaft vorstellen, dass eine feinfühlige Betreuung, das Eingehen auf individuelle Signale der Kleinen, jetzt überhaupt nicht mehr möglich ist. Die Erzieherinnen sind dann schon genug damit beschäftigt, einigermaßen die körperlichen Bedürfnisse der Kinder zu befriedigen. Für das Eingehen auf emotionale Bedürfnisse der Babys und Kleinkinder bleibt kaum oder keine Zeit mehr.

KRIPPENBETREUUNG – FÖRDERUNG ODER GEFÄHRDUNG VON KINDERN

Es ist ein Streit darüber entbrannt, ob die Betreuung von Kindern in Krippen deren Gesundheit und besonders ihre Bindungsentwicklung negativ beeinflusst oder ob gerade diese Art der Betreuung die geistige, soziale und emotionale Entwicklung fördert. Mehrere Studien sind dieser Frage sehr ausführlich nachgegangen.

Die Ergebnisse zeigen, dass sich das Risiko für eine unsichere Bindungsentwicklung nur dann erhöhte, wenn die Zahl der Fremdbetreuungsstunden hoch war, das Kind also schon im ersten Lebensjahr viele Tage in der Woche für viele Stunden in der Krippe betreut wurde, wenn Pflegekräfte ständig wechselten und wenn das Verhalten der Mutter dem Kind gegenüber durch mangelnde Feinfühligkeit charakterisiert war. War die Mutter-Kind-Beziehung zu Hause gut und feinfühlig, waren die Kinder trotz nicht so guter Krippenbedingungen eher sicher an ihre Mütter gebunden. Eine qualitativ schlechte Fremdpflege war dann ein Risiko für eine unsichere Bindungsentwicklung, wenn die Mutter-Kind-Beziehung vorbelastet war. Kommen diese Kinder jedoch in eine Krippe mit einer hohen Qualität und einem sehr guten Betreuungsver-

hältnis (eine Erzieherin betreut nur zwei bis drei Säuglinge) und finden sie dort feinfühlige Erzieherinnen vor, so besteht eine große Chance, dass sie sich sicher an diese binden. Aus diesen Ergebnissen kann man ableiten, dass es dringend notwendig ist, die Mütter in dem Erlernen von Feinfühligkeit zu unterstützen und sie gut zu betreuen, damit sie emotional für die Signale ihrer Kinder verfügbar sind. Weiterhin ist für eine gesunde sichere Bindungsentwicklung des Kindes eine hohe Qualität der Fremdbetreuung erforderlich. Auch regelmäßige Strukturen des Tagesablaufs sind für die Orientierung des Kindes in der Krippe von großer Bedeutung.

Zur Entwicklung von aggressiven Verhaltensstörungen nach einer frühen Fremdbetreuung in der Krippe liegen widersprüchliche Ergebnisse vor. Deutlich wird aber, dass auch hier die gute Qualität der Eltern-Kind-Beziehung in der frühen Zeit ein Schutz sein kann.

Weitere Informationen zu diesem Thema finden Sie in der Veröffentlichung »Verantwortung für Kinder unter drei Jahren. Empfehlungen der Gesellschaft für Seelische Gesundheit in der Frühen

Kindheit (GAIMH) zur Betreuung und Erziehung von Säuglingen und Kleinkindern in Krippen« (siehe im Internet www.gaimh.org sowie die SAFE®-Homepage www.safe-programm.de).

AU-PAIR

In bestimmten Familien ist es sehr beliebt, Au-pair-Mädchen für die Betreuung der Kinder einzustellen, die dann für ein Jahr in die Familie aufgenommen werden und als sehr kostengünstige Babysitterinnen rund um die Uhr zur Verfügung stehen sollen. Oftmals ist es für diese Mädchen die erste Trennung von ihrer Familie, sie sind eventuell der deutschen Sprache nicht mächtig, haben aufgrund dieser Situation Ängste, Schwierigkeiten mit der Trennung und Heimweh. Selbst bei einer sensiblen Familie, die das Au-pair-Mädchen als zusätzliches Kind ansieht, ist die Betreuung des Babys durch ein Au-pair problematisch. Dennoch wird sich das Baby voraussichtlich an das Au-pair binden. Oftmals kommt es dann nach einem Jahr relativ plötzlich zu einer Trennung, häufig ohne Abschied. Für das Baby ist das Au-pair-Mädchen plötzlich einfach verschwunden. Innerhalb kürzester Zeit steht schon ein neues Au-pair bereit. Dies ist für das Baby sehr irritierend. Nicht selten wird das neue Au-pair wütend abgelehnt. Es gibt Kinder, die innerhalb der ersten sechs Lebensjahre mehrere Au-pair-Mädchen »kennenlernen durften«. Oftmals muss die Betreuung auch frühzeitig aufgegeben werden, da Schwierigkeiten zwischen Au-pair und der aufnehmenden Familie auftreten oder das Au-pair zu großes Heimweh hat. Hier können sich durchaus größere emotionale Dramen in der Familie abspielen. Diese können auch mit Trauer, Schmerz und Verletzungen verbunden sein, sowohl für das Au-pair-Mädchen als auch für das Baby und die übrigen Familienmitglieder. Es gibt Kinder, die im Altern von 2 bis 3 Jahren an einem »Au-pair-Syndrom« (wie ich es nenne) leiden. Allein das Wort *Au-pair* löst heftige stressvolle Reaktionen, Wut und Ärger aus, und die Kinder lassen keinen Zweifel daran, dass sie auf keinen Fall noch einmal von einem Au-pair-Mädchen betreut werden möchten. Wenn ein Baby durch ein Au-pair-Mädchen versorgt wird und hier eine emotionale Bindungsbeziehung entsteht, was sehr wünschenswert ist, müsste eine längere Abschiedszeit eingeplant werden. Es wäre optimal, wenn das neue Au-pair-Mädchen bereits für eine längere Zeit in die Familie kommen könnte, um eine Eingewöhnungsphase zu durchlaufen, solange das vorherige Au-pair-Mädchen noch da ist. Dies würde auch den Vorteil mit sich bringen, dass die Eigenheiten des Babys sehr differenziert vom ersten Au-pair-Mädchen erklärt werden könnten. Auch die Eingewöhnung des neuen Au-pair-Mädchens in die Familie wäre nicht so schwierig, weil der emotionale Kontakt mit dem ersten Au-pair-Mädchen unter Umständen entlastend und hilfreich sein könnte. Dennoch ist es für ein Baby nicht verständlich, selbst nach einer Abschiedsphase, warum seine Au-pair-Betreuerin schließlich gänzlich verschwindet und nicht mehr wiederkommt.

Der Begründer der Bindungstheorie, John Bowlby, hat in seiner Biographie betont, dass sein erster großer Verlust und seine erste schmerzvolle Trennungserfahrung der Abschied von seiner Nanny war.

TRENNUNGEN

»NATÜRLICHE« TRENNUNGEN

Die erste Trennung, die das Baby durchmachen muss und die nicht vermeidbar ist, ist seine Geburt. Aber auch jedes nächtliche Ablegen des Kindes zum Einschlafen stellt eine solche »natürliche« Trennung dar. Weitere Trennungen, die im Laufe der ersten Lebensjahre für Kinder anstehen, ergeben sich etwa durch die Betreuung durch einen Babysitter, eine Tagesmutter, durch den Aufenthalt in der Kinderkrippe.

Im besten Fall entwickelt das Baby eine sichere Bindung zu sei-

nen Eltern und nutzt diese stabile Basis im weiteren Verlauf seines Lebens, um immer größere Erkundungsausflüge zu unternehmen und dabei nur in Situationen von Angst und Gefahr auf diese zurückzugreifen.

VORBEREITUNG AUF TRENNUNGEN

Wie bereits erwähnt braucht jede Trennung eine gewisse Vorbereitungs- und Übergangszeit. »Kurz und schmerzlos« durchgeführte Trennungen können unter Umständen traumatisch sein. Das alltägliche Schlafengehen sollte daher mit einer klaren Ankündigung, dem Durchführen bestimmter Gute-Nacht-Rituale verbunden sein, und es sollte gesichert sein, dass die Bindungsperson erreichbar ist. Die Eltern müssen dem Kind in dieser Trennungssituation Schmerz und Trauer zugestehen, ebenso Wut und Ärger. Diese Gefühle müssen wertschätzend anerkannt und von den Eltern ausgehalten werden. Da sich Babys normalerweise nicht zum Schlafen von ihren Eltern bzw. ihren Bindungspersonen trennen würden, sollten die Bindungspersonen dem Kind helfen, diese Trennungserfahrung zu erlernen. Wie bindungsorientiertes Schlafengehen gelernt werden kann, habe ich bereits zuvor beschrieben.

TEDDYBÄR, SCHNULLER, TRINKFLASCHE UND SCHMUSETUCH

Viele Kinder – nicht alle – gewöhnen sich im Laufe des zweiten Lebensjahrs an einen Teddybären oder ein anderes Kuscheltier, manchmal auch an einen Schnuller, eine Trinkflasche oder ein Schmusetuch, das sie überallhin mitnehmen wollen. Sie weinen bitterlich, wenn sie den betreffenden Gegenstand nicht in ihrer Hand halten können.

Symbolisch stehen all diese Dinge für die »Mutter«. Beim Schnuller, bei der Trinkflasche und dem Schmusetuch, manchmal einer Spuckwindel, ist dies leicht zu verstehen. Der Schnuller erinnert an die Brustwarze, die Trinkflasche spendet – wie die Brust – Flüssigkeit, und auch die Spuckwindel steht in enger Verbindung zu den Stillzeiten mit der Mutter und erinnert an diese Zeiten. Wenn die Kinder sich ängstlich, alleine oder gestresst fühlen, beruhigt das Saugen, Trinken oder das Schmusetuch, weil es an die Nähe zur Mutter und die Geborgenheit bei ihr erinnert. Auch der Teddybär oder das Kuscheltier, an dem sich das Kind wie an der Mutter festhalten kann, beruhigt und gibt Sicherheit, gerade eben dann, wenn die Mutter nicht anwesend ist. Von der Mutter muss sich das Kind vielleicht zum Einschlafen trennen, aber nicht von seinem Teddy, Schnuller oder Schmusetuch. Daher werden diese auch mit lautem Gebrüll »verteidigt«.

Wenn die Eltern wollen, dass ihr Kleinkind später etwa auf den Schnuller und die Trinkflasche verzichten soll, weil das ausgedehnte Nuckeln für die Kieferentwicklung nicht förderlich ist, müssen sie mit heftigen »Trennungs- und Entzugssymptomen« rechnen. Der Schmerz ist so groß, als ob das Kind seine reale Mutter verloren hätte. Diese kann den Schmerz etwas lindern, wenn sie sich wieder viel Zeit nimmt und ihr Kind auch mit Körperkontakt über den Schmerz hinwegtröstet. Sie sollte ihm dabei, verständnisvoll, seine Gefühle von Enttäuschung, Trauer und Wut über den Verlust zugestehen. Das Kind wird sich in dieser Situation vorübergehend wieder mehr wie ein Baby verhalten, es möchte auf dem Arm gehalten, getröstet und gewiegt werden und wird auch in der Nacht wieder mehr die Nähe der Mutter suchen. Diese Phase wird aber vorübergehen.

Wenn Kinder ganz andere Gegenstände oder auch gar keine mitnehmen wollen, ist dies kein Ausdruck einer Störung in ihrer Entwicklung.

UNERWARTETE TRENNUNGSSITUATIONEN

Zu den »unnatürlichen« Trennungssituationen gehören etwa Umzug, Migration, Flucht oder die Aufnahme zur Krankenhausbehandlung. Auch die Scheidung der Eltern wird aus Kinderaugen als Trennung erlebt.

Physische und psychische Erkrankungen eines Elternteils oder älteren Geschwisters, die über viele Jahre die volle emotionale Aufmerksamkeit der Eltern erfordern, stellen eine hohe Belastung für das Kind dar. Die Kinder fühlen sich, so wird es in Kindertherapien später von ihnen oft berichtet, einsam und allein, weil die Eltern mit dem Stress und der ganzen Sorge um die Erkrankung so beschäftigt sind, dass es zu einer sogenannten »emotionalen Trennung« kommt. Die Eltern sind emotional für die Kinder weniger oder gar nicht mehr erreichbar. Obwohl sie also anwesend sind und die normalen Abläufe in der Familie und im Haushalt oftmals scheinbar weitergehen, als sei nichts Besonderes passiert, erleben die Kinder die hohe Anspannung ihrer Eltern. Sie erfahren deren emotionalen Rückzug oder auch die emotionale Besorgtheit, so dass sie sich womöglich nicht mehr trauen, sich mit ihren Signalen und Bedürfnissen an die Eltern zu wenden. Im Gegensatz zu früheren Zeiten reagieren die Eltern in der eigenen Krankheitsphase auf die Signale der Kinder verspätet, gar nicht mehr oder auch mit Ärger.

Noch traumatischer ist der unerwartete Tod einer wichtigen Bindungsperson. Wenn ein Elternteil, die geliebte Oma oder der Opa, ein Freund, eine Erzieherin, ein Lehrer stirbt, so ist dies eine hohe Belastung für das Kind, besonders wenn diese Personen Bindungspersonen waren. Der Verlust einer Bindungsperson durch eine natürliche Todesursache kann hierbei vom Kind leichter verarbeitet werden. Stirbt aber eine Bindungsperson des Kindes durch einen Unfall oder gar durch Suizid, so dass vorher kein Abschied stattfinden kann, so erlebt das Kind dies in der Regel als ein Trauma. Emotionale Unterstützung, Begleitung sowie Beratung und eine Psychotherapie sind erforderlich, um einen solchen Schock gut verarbeiten zu können.

TRENNUNGSERLEBNISSE ALS TRAUMATISCHE ERFAHRUNG

Wenn ein Kind seine Bindungsperson ganz plötzlich zeitweise durch Krankheit, einen Unfall oder sogar endgültig durch deren Tod verliert, kann dies eine traumatische Erfahrung sein. Ängste, Alpträume, körperliche Beschwerden sind dann häufig die Folge. Gibt es andere Bindungspersonen, an die sich das Kind mit seiner Angst und Panik wenden kann, ist das sehr hilfreich. Sind diese aber nicht ausreichend oder gar nicht vorhanden, befindet sich das Kind in einer vollkommen überwältigenden Situation von Ohnmacht und Hilflosigkeit. Es ist nicht ungewöhnlich, dass das Kind in einer solchen Situation alle schmerzlichen Gefühle abspaltet und sich auch an nichts mehr erinnern kann, was mit Angst und Schrecken und Verlust verbunden ist. Durch bestimmte Auslöser können aber Erinnerungen und Bilder vom Verlust wieder auftauchen, die das Kind sehr belasten und sich häufig in körperlichen Beschwerden ausdrücken.

Unter diesen Umständen benötigt das Kind dringend eine psychotherapeutische Hilfestellung. Diese sollte so rasch wie möglich begonnen werden, damit sich die Symptome erst gar nicht festsetzen können.

ELTERN, BABYS, SMARTPHONES UND ANDERE MEDIEN – EINE BESONDERE »BEZIEHUNG«

Smartphones sind eine großartige Erfindung! Kaum jemand will heute ohne Smartphone leben, weil die Vorteile seiner Nutzung einfach so überwältigend sind. »Besser schnurlos verbunden, als spurlos verschwunden«, stellte schon einer der ersten Werbeslogans eines großen Telefonanbieters die Bindungsbedeutung von Handyverbindungen heraus.

Die heutigen Eltern sind mit Smartphones und Internet aufgewachsen. Für sie ist es selbstverständlich, sich über Mobilgeräte und digitale Medien zu verständigen, in Kontakt zu bleiben, zu verabreden, Informationen zu gewinnen und auszutauschen. Teil-

weise kommt das Smartphone auch in der Betreuung des Babys zum Einsatz. So ist es problemlos möglich, das Smartphone als Babyphone einzusetzen und somit als Mutter oder Vater augenblicklich mitzubekommen, wann das Baby die Hilfe und Unterstützung der Eltern braucht – wenn es aus dem Schlaf aufgewacht ist und sich meldet. Frühere Babyphones waren noch abhängig von Steckdosen und Telefonleitungen, heute stellt ein einziges Gerät unzählige Möglichkeiten bereit.

DER BILDSCHIRM ALS BABYSITTER

Smartphones sind für Säuglinge hochinteressant. Sie bekommen mit, wie häufig ihre Eltern diese Geräte benutzen und wie konzentriert sie dabei sein können; dass sie sich über Anrufe und Mitteilungen freuen, ärgerlich oder traurig werden. All diese elterliche Aufmerksamkeit entfacht und steigert die Neugier des Babys auf das Smartphone. Sie wollen es haben, es in der Hand halten und mit allen ihren Sinnen erkunden; natürlich imitieren sie die Eltern, indem sie drücken und wischen, das Smartphone in ihre »als ob«-Rollenspiele einbauen. Sie versuchen, es ihren Eltern gleich zu machen und das Gerät zum Sprechen und den Bildschirm zu bewegten Bildern zu bringen. Wenn Babys etwa über die Kamera des Smartphones ihre Großeltern sehen und diese mit ihnen sprechen, sie durch ihr eigenes Verhalten wiederum bei Oma und Opa freudige Reaktionen auslösen können, sind sie schnell begeistert. Sobald die Eltern beginnen, über das Gerät kleine Videoclips laufen zu lassen, um ihr Baby damit zu beschäftigen, wird das Smartphone noch interessanter und steigert die Neugier des Kindes weiter. Denn Babys sind von Natur aus sehr neugierig! Sie wollen immer tiefer in die Funktionsweisen des Smartphones eindringen und damit neue Erfahrungen sammeln. Babys und Kleinkinder werden schon relativ rasch kleine Spezialisten dafür, wie sie Mobilgeräte wie Smartphones oder Tablets bedienen können.

BEISPIEL Meine Frau und ich verbringen einige Tage in Rom und gehen abends in einem gutbesuchten italienischen Restaurant essen. Kaum halten wir die Speisekarte in den Händen, sehen wir ein junges deutsches Elternpaar mit einem Kleinkind im Buggy – offensichtlich suchen sie noch einen freien Platz. Über Augenkontakt und Gesten verständigen wir uns und die Eltern freuen sich, dass sie an unserem Tisch noch Platz finden. Das Kind, ein Mädchen, schaut nicht zu uns oder zu ihren Eltern auf, sondern starrt gebannt auf den Bildschirm eines Tablets, das mit einem speziellen Halter am Buggy befestigt ist. Es schaut ein Video mit bunten Animationen. Sehr geschickt schaffen es die Eltern, ihr Kind aus dem Buggy herauszuheben: Während es die Mutter hochnimmt und auf den Stuhl am Tisch setzt, greift der Vater das Tablet samt Haltekonstruktion und platziert beides auf dem Tisch, direkt vor dem Mädchen. Dieser gesamte Bewegungsablauf erfolgt so geschickt, ja eingeübt, dass das Kind keinerlei Unterbrechung wahrnimmt: Sein Blick ist unvermindert konzentriert auf den Bildschirm gerichtet.

Dann kommt das Essen. Während die Mutter ihr Kind mit kleinen Nudeln von ihrem Teller füttert, gilt die volle Aufmerksamkeit des Mädchens auch weiterhin dem Video. Es isst bereitwillig, aber sein Blick bleibt geradezu unbeweglich auf das Tablet fixiert. Als meine Frau und ich aufbrechen wollen, schaut die Kleine zum ersten Mal über den Rand des Tablets hinweg in die Runde. Ich bemerke es und frage sie nach ihrem Namen. Lächelnd streckt sie drei Finger in die Höhe und antwortet, sie sei schon drei Jahre alt und heiße Clara. Sie beginnt, mir zu erzählen, dass sie heute an einem Brunnen Pferde gesehen habe, die richtig Wasser gespuckt hätten, und noch weitere Erlebnisse sprudeln munter aus ihr heraus. Ich höre ihr aufmerksam zu, bin erstaunt, kommentiere, frage nach, was ihr offensichtlich große Freude bereitet. Sie kommt ins Erzählen, Geschichte folgt auf Geschichte. Erstaunt schaut mich ihre Mutter an und meint: »So viel erzählt sie sonst nie!«

Während des Erzählens und des gemeinsamen Dialogs ist Clara total aufgeschlossen, emotional im Hier und Jetzt, schaut mich ununterbrochen an und kann anscheinend gar nicht genug Zeit und Raum bekommen, das am heutigen Tag Erlebte zu berichten, es aus ihrer inneren Weltsicht zu beschreiben und dazu Fragen zu stellen. Ich ermutige sie, ihren Eltern weiter von all ihren Erfahrungen zu berichten – diese seien sicherlich auch ganz neugierig, davon zu hören.

DAS SMARTPHONE ALS »BERUHIGUNGSMITTEL«

Wenn Eltern ihr Baby wickeln und es dabei unruhig wird und zu jammern beginnt, kann zunächst naheliegen, ihm mithilfe eines Smartphones ein wenig Abwechslung zu verschaffen – ein Video mit Animationen oder Tieren bindet schnell die komplette Aufmerksamkeit an sich. Babys lassen sich auf diese Weise stimulieren und in ihrem neugierigen Verhalten rasch vom unangenehmen Wickeln ablenken. Dies führt bei manchen Säuglingen aber relativ schnell dazu, dass sie sich nur noch dann wickeln lassen, wenn sie ein Mobilgerät in der Hand halten dürfen. Andernfalls protestieren sie mehr als zuvor – und eben nicht nur aufgrund des lästigen Wickelns. Sie werden hierdurch, zur Beruhigung, von den Eltern in gewisser Weise auf ein Smartphone fixiert, was die Eltern-Kind-Bindung nachhaltig beeinträchtigen kann. Im – aus meiner Sicht – besten Fall würde ein gestresstes Baby unmittelbar erleben, wie es durch den direkten Kontakt der Eltern beruhigt wird. Dadurch macht es mit seinen Eltern wichtige emotionale Erfahrungen und verinnerlicht diese. Mit der Zeit führen solche Erfahrungen dazu, dass sich Kinder immer besser selbst beruhigen können, weil sie auf die positiven, verinnerlichten Momente der Beruhigung durch einen oder beide Elternteile zurückgreifen. Der Weg eines Babys, mit Stress und heftigen Gefühlen gut umgehen zu können, führt also von der Erfahrung, von den Eltern beruhigt worden zu sein, zur kindlichen Fähigkeit, sich über die Zeit immer besser selbst beruhigen zu können.

Wird aber immer häufiger das schon nach kurzer Zeit von dem Baby aktiv eingeforderte Smartphone zur Beruhigung eingesetzt, kann das Schwierigkeiten mit sich bringen: Das Kind bindet sich

dann derart an das Gerät, wie sonst nur an eine wichtige Bindungsperson. Und dies, obwohl es keine lebendige Bezugsperson vor sich hat, sondern einen leb- und emotionslosen Gegenstand. Die feinfühlige und emotionale Beruhigung eines gestressten Babys durch seine Bindungspersonen, wie ich sie im ersten Kapitel »Die Entwicklung einer sicheren Eltern-Kind-Bindung« beschrieben habe, kann durch das Smartphone nicht geleistet werden. Der elterliche Blickkontakt in der Koregulation, die fein abgestimmten und je nach Rückmeldung des Babys modifizierten Berührungen, die feinfühlige Abstimmung auf die Unruhe des Kindes durch Sprache, das Baby auf den Arm zu nehmen, um es am Körper der Bindungsperson zu beruhigen – all diese aufwändigen, differenzierten und komplexen Verhaltensweisen durch eine elterliche Bindungsperson kann ein Mobilgerät nicht leisten. Im Gegenteil: Wenn gestresste Babys durch Smartphones beruhigt werden, lernen sie kaum, sich selbst zu beruhigen. Sie werden vielmehr lernen, sich verstärkt auf das Smartphone zu fixieren. Dieses kann später auch durch ein Tablet, den Fernseher oder durch Computerspiele usw. abgelöst werden, aber der Mechanismus – die Beruhigung durch einen leblosen Gegenstand – bleibt vergleichbar. Auf diese Weise wird eine ganz andere Erfahrung verinnerlicht, als wir dies von einer emotionalen Beruhigung durch eine lebendige Bindungsperson – etwa durch die Mutter oder den Vater – bei einem Baby erleben können. Dieser hochdifferenzierte Prozess der Beruhigung des Babys durch eine Bindungsperson wurde vielfältig untersucht. Man fand heraus, dass Babys hierdurch nicht nur eine bessere Fähigkeit zur Selbstberuhigung entwickeln, sondern auch eine sichere emotionale Bindung zu ihren Bezugspersonen aufbauen.

In den vergangenen Jahren habe ich viele Gespräche mit jungen Eltern geführt, die das Smartphone als ständigen Begleiter auch im Umgang mit ihren Säuglingen und Kleinkindern einsetzen. Einige Eltern berichten, dass sich ihr Baby nur mit großen Mühen überhaupt noch wickeln lässt und extrem protestiert, wenn es hierbei keine Ablenkung, zum Beispiel durch das Smartphone, erhält. Die

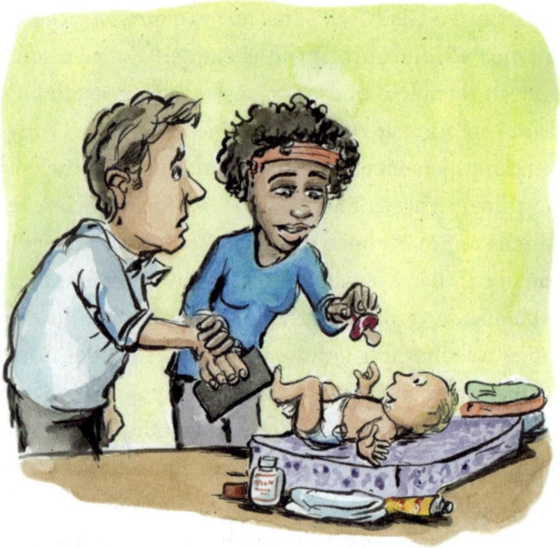

Beruhigung durch ein Mobilgerät beim Wickeln weitet sich in der Regel auf andere Bereiche aus: Auch in anderen stressvollen Situationen (das Baby möchte nicht gefüttert werden, kann nicht einschlafen, hat Angst, verletzt sich, weint, ist frustriert, wütend, traurig, Kleinkinder wollen nicht die Zähne geputzt bekommen usw.) wird dann das Smartphone, das Tablet oder ein vergleichbares Medium zur Beruhigung eingefordert. Eltern erzählen, dass sie ihr Baby nur noch dann füttern können, wenn es durch einen Bildschirm mit Videoclips abgelenkt wird. In allen möglichen Situationen mit emotionaler Erregung, darauf deuten diese Erfahrungen hin, lässt sich das Kind bald nur noch bevorzugt durch virtuelle Reize beruhigen – und nicht mehr durch die lebendige Bindungsperson. In gewisser Weise wird es abhängig von Mobilgeräten wie Smartphones. Das führt inzwischen nicht selten dazu, dass das Baby von den Eltern ein altes, ausrangiertes Smartphone zur Beruhigung zur Verfügung gestellt bekommt. Auf diese Weise beruhigt sich nicht nur der Säugling, denn auch die Eltern können entspannen, wenn ihr Kind ruhiger wird. Die stressvolle Situation lässt sich auf diese Weise meistern – doch nur vermeintlich für alle erfolgreich!

BEISPIEL Eine Familie mit eineiigen Zwillingen – die Eltern, die beiden zwölf Monate alten Mädchen und die Großmutter – steigt in einen überfüllten, öffentlichen Bus ein. Ein Mädchen sitzt auf dem Arm der Mutter, das andere auf dem der Großmutter. Plötzlich beginnt das Baby auf dem Arm der Mutter zu jammern, es wirkt gestresst. Daraufhin greift seine Mutter in die Handtasche und reicht ihm ein Smartphone in die kleinen Hände, worauf sich das Kind sofort beruhigt. Dann holt die Mutter ihr eigenes Smartphone aus der Handtasche und beschäftigt sich selbst damit.
Plötzlich beginnt das Baby, das sich auf dem Arm der Großmutter befindet, zu weinen. Sofort greift die Mutter nochmals in ihre Handtasche und drückt auch diesem Kind ein weiteres Smartphone in die Hände, worauf es sich ebenfalls umgehend beruhigt. Die Babys kennen Smartphones offensichtlich als »Beruhigungsmittel«.

DIE SCHLAF-APP ALS EINSCHLAFHELFERIN

Auch in anderen Bereichen haben immer mehr Apps Einzug gehalten, die von den Eltern in der Babypflege eingesetzt werden. So nutzen manche Eltern sogenannte Schlaf-Apps: Während Babys in der Vergangenheit mit Liedern oder Erzählungen in den Schlaf gewiegt worden sind, übernimmt das heute schon mal ein Tablet, das dem Kind in die Wiege gereicht wird. Über den Bildschirm laufen dann Videoclips in Dauerschleife, zum Beispiel von Tieren, die einschlafen. Diese Apps werden übrigens auch für ganz kleine Säuglinge angeboten, die viel zu jung sind, um mit den Animationen etwas anfangen zu können.

Stattdessen stellen die Babys rasch einen Zusammenhang her zwischen Aufregung vor dem Einschlafen, der Trennung von der Bindungsperson und der laufenden Schlaf-App. Bald wird die App zur Beruhigung obligatorisch, ja lautstark eingefordert, ähnlich wie oben im Hinblick auf den Beruhigungseffekt eines Smartphones beschrieben. Eltern tauschen sich darüber aus, welche Erfahrungen sie mit welcher Schlaf-App gemacht haben und welche App am besten zum Einschlafen »funktioniert«. Durch ihren Einsatz geht jedoch die feinfühlige, differenzierte Beruhigung durch die Eltern verloren, die am Bettchen sitzen, Lieder singen, ihr Kind wiegen, ihm die Hand auf die Brust legen oder seine kleinen Händchen halten. Hierbei verinnerlichen Babys die Stimmen der Eltern, ihren Blick, ihren Geruch und die Intensität der Berührung. All dies vermag eine Schlaf-App nicht zu leisten.

Es ist nur zu verständlich, dass Eltern Medien wie Smartphones und Tablets nicht nur zum Einschlafen, sondern auch als »Ablenker«, Babysitter und Ruhigsteller einbinden und dass ihr neugieriges Kind diese Geräte auch gerne annimmt – scheinbar eine Win-Win-Situation für Eltern und Kind! Angesichts der Nachteile für die emotionale, bindungssichere Entwicklung von Säuglingen und Kleinkindern ist eine derartige Entwicklung aber sehr problematisch. Zu diesen Effekten kommt noch hinzu, dass sich häufiger Medieneinsatz in der Betreuung der Kleinen auch negativ auf die Sprachentwicklung auswirken kann. Die häufig raschen Wechsel der Filmsequenzen mit vielen Schnittfolgen in den Video-Clips überfordern die Möglichkeiten eines Säuglings oder selbst eines Kleinkindes zum Abspeichern einer zusammenhängenden Geschichte. Diese Überforderung kann sich negativ auf die sich entwickelnde Fähigkeit zur Konzentration und Aufmerksamkeit auswirken.

Von der »Gesellschaft für seelische Gesundheit in der frühen Kindheit« (GAIMH) liegt eine sehr ausführliche, kritische Informationsbroschüre vor, die sich mit dem Einsatz von Medien und den damit verbundenen Problemen im Kleinkindalter beschäftigt. Auch der Berufsverband der Kinder- und Jugendärzte (BVKJ) empfiehlt den Eltern, ihre Kleinkinder »Bildschirmfrei bis 3«, also ohne Smartphones, Laptops und Fernseher, in dieser Entwicklungsphase aufwachsen zu lassen.

Aus diesen Gründen empfehle ich Eltern wärmstens, dass sie – wann immer möglich – *keine* digitalen Gegenstände zur Beruhigung ihres Babys einsetzen! Eltern können ihre ganze Persönlichkeit und ihre hoch differenzierten Möglichkeiten nutzen, um mit ihren Blicken, ihrer Gestik, ihren Stimmen und ihren Berührungen ihr Baby in stressreichen Situationen zu beruhigen. Wenn diese Beruhigung feinfühlig erfolgt, besteht eine hohe Wahrscheinlichkeit, dass sich Ihr Kind sicher an Sie binden wird.

Die kritische Broschüre der GAIMH finden Sie hier: https://www.gaimh.org/reader-tipps/broschuere-digitale-medien-als-spielverderber-fuer-babys-beziehung-als-tragfaehiger-boden-fuer-die-zukunft.html

Alle Informationen zur Studie »Bildschirmfrei bis 3« finden Sie hier: https://bildschirmfrei-bis-3.de/

DER »SICHERHEITSKREIS« UND HILFE FÜR KINDER MIT BINDUNGSPROBLEMEN

Der »Sicherheitskreis« beschreibt, wie Kinder zwischen der sicheren emotionalen Basis bei ihren Eltern und der Erkundung der Umwelt ›ihre Kreise ziehen‹.

DER VOLLSTÄNDIGE SICHERHEITSKREIS BEI BINDUNGSSICHEREN KINDERN

Bindungssichere Kinder können auf der Basis ihres sicher gewonnenen Urvertrauens Explorationen und Welterkundungen in einem *vollständigen Sicherheitskreis* unternehmen. Sie signalisieren der Mutter: Ich brauche dich für meine Erkundung, gib auf mich acht, hilf mir, genieße mit mir, wie toll ich klettern oder mich auf die Erkundung von neuen Dingen stürzen kann. Wenn es mir aber schlecht geht und ich Stress habe, Angst bekomme, dann heiße mich willkommen und schütze mich. Tröste mich und nehme mich in die Arme und hilf mir, mit meinen Gefühlen zurechtzukommen. Sicher gebundene Kinder »kreisen« hin und her zwischen der sicheren Basis und ihren Erkundungsausflügen. Sie können auf diese Weise immer mehr für sich entdecken und erfreuen sich daran, was die Welt alles zu bieten hat. Dabei haben sie stets die Sicherheit, dass sie jederzeit bei Angst, Bedrohung und Gefahr zu ihrer sicheren Basis, ihrer Bindungsperson, zurückkehren können.

BEGRENZTER SICHERHEITSKREIS

DER BEGRENZTE SICHERHEITSKREIS BEI BINDUNGSVERMEIDENDEN KINDERN

Bindungsvermeidende Kinder trennen sich auch von ihren Eltern, um die Welt zu erkunden. Wenn sie allerdings in Stresssituationen geraten und zu ihren Eltern zurücklaufen, sind sie sich nicht so sicher, ob sie offene Arme erwarten können. Sie befürchten eher, dass die Mutter (oder der Vater) ihnen mit Worten, Blicken oder auch durch ihre Körpersprache signalisiert, dass sie mit ihrem Stress, ihrer Angst und ihrem Weinen nicht willkommen sind. Wenn das Kind dann in die Augen der Mutter schaut, sagt es sich selbst: »Ich sehe schon, dass du als Mutter dich nicht so wohl fühlst, wenn ich jetzt zu dir komme und um Körperkontakt bitte. Daher tue ich jetzt so, als ob ich gar keinen Körperkontakt brauche.« Die Kinder laufen also in Richtung der Mutter, drehen sich dann aber kurz vor ihr um, laufen wieder weg und tun so, als hätten sie gar keinen Stress und müssten nicht getröstet werden. Sie geben ihrer Mutter also ein falsches Zeichen und verheimlichen ihre Bedürfnisse. Sie wissen ganz genau, dass diese Form der Kontaktvermeidung hilfreich ist, um mit der Mutter überhaupt in einer emotionalen Beziehung zu bleiben. Sie können sehr genau abschätzen, dass ihre Bindungssuche in stressvollen Situationen von der Mutter eher mit abweisendem Verhalten beantwortet wird. Aus diesem Grund lernen sie bis zum ersten Lebensjahr schon – im Sinne der Bindungsvermeidung –, solche Signale erst gar nicht mehr zu zeigen oder ihre Bedürfnisse nicht zum Ausdruck zu bringen.

DER BEGRENZTE SICHERHEITSKREISLAUF BEI ZWIESPÄLTIG-ÄNGSTLICH GEBUNDENEN KINDERN

Kinder mit zwiespältig-ängstlicher Bindung haben in der Regel ängstliche Mütter. Sie laufen vielleicht auf dem Spielplatz los und wollen ihre Erkundungen machen. Dabei schauen sie zur Mutter zurück und sehen deren ängstlichen Blick. Ohne dass die Mutter ein Wort sagen müsste, verstehen sie und klettern erst gar nicht auf das Klettergerüst. Sie wissen, dass sich ihre Mutter dabei sehr gestresst und angespannt fühlt und Angst bekommt. Die Kinder geben vor, in ihrer Erkundung gar nicht so weit gehen zu wollen. Schließlich trauen sie sich kaum noch eigene Erkundungen zu. Sie bleiben stets in Reichweite der Mutter und geben auch nach außen vor, dass sie die Welt gar nicht so sehr erkunden möchten. Das heißt, die auf diese Weise gelernte Einschränkung der Erkundung wird mehr und mehr zu einem Persönlichkeitsmerkmal. Das Kind gibt seine Erkundungswünsche und seine Neugier teilweise auf, um auf diese Weise mit der Mutter in einem besseren Kontakt zu bleiben. Bereits Einjährige mit zwiespältig-ängstlicher Bindung haben gelernt, die Erkundung eher als bedrohlich zu erleben. Wenn sie zur Mutter zurückkommen, um bei ihr mit ihrem Stress aufgefangen zu werden, kann es sein, dass sie von dieser widersprüchliche Signale bekommen. Sie tröstet ihr Kind und nimmt es auf den

Arm, gleichzeitig schimpft sie aber mit ihm und sagt: »Das hättest du nicht tun sollen, ich hab's dir gleich gesagt, warum bist du auch auf die Rutsche geklettert, das konnte ja nur schiefgehen.« Die Mutter macht also abwertende, ängstigende Bemerkungen, die immer wieder erneut das Bindungsbedürfnis des Kindes aktivieren.

DER SICHERHEITSKREIS BEI UNSICHER-DESORGANISIERT GEBUNDENEN KINDERN

Wenn ein Kind eine desorganisierte Bindung zu seiner Bindungsperson entwickelt hat, kann es ganz bizarre Verhaltensweisen zeigen. In ängstigenden Situationen läuft dieses Kind zu seiner Mutter. Wenn es dann allerdings in die Augen seiner Mutter sieht, wird es verwirrt und fürchtet sich, weil es wahrnimmt, wie ängstlich, drohend oder hilflos seine Mutter es ansieht. Das macht ihm noch mehr Angst, wenn es sonst niemanden hat, an den es sich mit seiner eigenen Angst wenden kann. Es weiß dann nicht mehr, was es tun soll.

Das Kind wird also selbst verunsichert und hilflos. Manchmal läuft es wie im Zick-Zack-Kurs durch die Gegend, ein Verhalten, das geradezu als hyperaktiv bezeichnet werden kann. Es weiß nicht, wie es seine Angst und seinen Stress am besten geregelt bekommen soll. Bei der Mutter erfährt es keine eindeutige Hilfe und Beruhigung.

BINDUNGSUNSICHERHEIT ENTGEGENWIRKEN

Eltern müssen verstehen, dass ihr Kind sie nicht absichtlich wütend macht, wenn es mal wieder schwierig, das heißt frustriert, fordernd, wütend, außer Kontrolle ist. Das aktuelle Verhalten des Kindes bedeutet dann in der Regel, dass es vollkommen überfordert damit ist, seine Gefühle selbst zu regulieren. Am liebsten möchte das Kind den Eltern sagen: Übernehme Verantwortung für mich und führe mich, wenn ich meine Gefühle nicht mehr kontrollieren kann und einfach nur noch von diesen überschwemmt werde. Sei nett und freundlich zu mir, bleibe so lange bei mir, bis wir beide meine Angst, meine Wut, meine Ohnmacht oder auch meine Traurigkeit verstanden haben. Alleine kann ich das nicht aushalten, geschweige denn mich selbst in diesem Zustand beruhigen. Hilf mir durch Unterstützung, Körperkontakt und Begleitung, meine Gefühle gut zu verarbeiten. So kann ich zu meiner Erkundung wieder zurückkehren, eventuell sogar zu einer neuen Tätigkeit mit neuer Perspektive und Handlungsmöglichkeit kommen.

Diese Überlegungen sind wichtig, da Eltern gerne davon ausgehen, dass ihr Baby sie mit Absicht ärgern, terrorisieren oder auch in eine bestimmte Richtung drängen wolle. Natürlich haben Kinder Motive und wollen bestimmte Dinge erkunden. Wenn sie aber eine Grenze erfahren und ein »Nein« hören, weil die Eltern ihr Verhalten nicht tolerieren, so ist es nur zu verständlich, dass sie einen Wutanfall bekommen, denn die Begrenzung der Erkundung ist frustrierend. Der zornige Wutanfall dient nicht der Manipulation der Eltern, sondern er ist zunächst mal ein deutlicher Ausdruck der kindlichen Frustration, die aufgrund der Grenzsetzung der Eltern berechtigt und nachvollziehbar ist.

Eine Hilfestellung der Eltern dem Kind gegenüber setzt aber voraus, dass sie selbst in der Lage sind, diese Gefühle von Wut, Schmerz, Trauer, Angst auszuhalten. Werden durch das Verhalten des Kindes bei den Eltern Angst, Wut oder Trauer ausgelöst, so dass diese selbst von heftigen Gefühlen überwältigt werden, sind sie dem Kind natürlich keine Hilfe mehr. In solchen Situationen kommt es oft zu Schwierigkeiten zwischen Eltern und Kind. Es kann vorkommen, dass die Mutter – oder der Vater – in dieser Situation das Kind anbrüllt, es solle mit dem Weinen und Toben aufhören.

Meist ist es so, dass die Mutter – oder der Vater – selbst dieses Weinen und die Wut aufgrund eigener früherer Erfahrungen nicht aushalten kann, was ihr (oder ihm) aber meist selbst nicht bewusst ist (siehe auch das Beispiel mit Emilia – »›Böse‹ Geister aus der eigenen Kindheit« auf S. 156). Die Mutter beschimpft, beleidigt, kränkt, bedroht das Kind wegen der für sie unaushaltbaren Gefühle. Oder sie geht aus dem Raum, verlässt das Kind, was große Bindungsangst und Unsicherheit auslöst. Dies bringt das Kind noch mehr zum Weinen und Toben. Für die emotionale Entwicklung des Kindes ist es auch nicht hilfreich, wenn man es auffordert, in sein Zimmer zu gehen und die Tür zuzumachen – und vielleicht sogar die Tür dann zuhält; ausgeschlossen zu werden macht ihm große Angst. Wenn die Mutter – oder der Vater – die Wut des Kindes selbst nicht aushalten kann, benötigt sie (oder er) dringend Hilfe, etwa in einer psychologischen Beratungsstelle. Es braucht vielmehr eine Mutter (oder einen Vater), die in dieser Situation mit dem Kind im Kontakt bleibt und ihm hilft, seine Gefühle besser zu steuern. Auf diese Weise lernt es, dass heftige Gefühle für die Beziehung zu den Eltern nicht bedrohlich und gefährlich sind. Vielmehr erfährt es, wie diese durch erwachsene kompetente Personen ausgehalten und hilfreich bewältigt werden können. Es ist wichtig, dass die Mutter (oder der Vater) dem Kind nach Ablauf des Wutanfalls wieder hilft, eine neue Erkundung zu beginnen, die ihm wieder Spaß machen kann (siehe hierzu auch das Beispiel mit Amelie im nächsten Abschnitt).

PROBLEME MIT TRENNUNG, WUT, SCHREIEN, SCHLAFEN UND FÜTTERN

Im Folgenden werden einige typische Probleme besprochen, wie sie bei Säuglingen auftreten können.

»KLAMMERÄFFCHEN«

Wenn die Bindungserfahrungen aufseiten der Mutter und des Babys von Unsicherheiten und Ängsten geprägt sind, kommt es schnell zu einer sogenannten *Verstrickung* der Bindung zwischen Mutter und Kind. Eine Trennung des Kindes von der Mutter, insbesondere für eine neugierige Erkundung seiner Umwelt, ist dann nicht gut möglich. Mutter und Kind klammern sich aneinander. Sie können sich in der Regel nicht für die Aufnahme des Kindes in eine Krippe oder einen Kindergarten trennen. Manchmal hat die Mutter auch vorherige Tot- und Fehlgeburten noch nicht verarbeitet. Dann ist es nur allzu verständlich, dass die Mutter große Angst hat, auch dieses Kind zu verlieren. Ungefährliche alltägliche Trennungen dürfen aber nicht mit Verlust und Tod gleichgesetzt werden. Die zwiespältigen Signale der Mutter machen dem Kind in der Trennungssituation sehr viel Angst. Die Ablösung der Kinder ist in der Regel eingeschränkter, als es für eine gesunde Entwicklung nötig wäre. In einer solchen Situation brauchen Mutter und Kind eine Hilfestellung.

BEISPIEL Um ihren Arbeitsplatz nicht zu verlieren, möchte die Mutter von Ella (15 Monate) wenigstens halbtags wieder arbeiten. Sie bringt Ella daher zur Tagesmutter. Obwohl diese auf Ella sehr feinfühlig eingeht, gelingt die Eingewöhnung seit sechs Wochen nicht richtig. Die Mutter lässt Ella oft die erste Stunde nur auf ihrem Schoß sitzen und schaut mit ihr Bilderbücher an. Wenn die Tagesmutter mit Ella spielen will und ein Angebot macht, wehrt die Mutter ab und meint: »Gleich, sie ist noch nicht so weit.« Als die Tagesmutter Ella später an die Hand nehmen möchte, um sie in die Spielecke zu begleiten, entsteht eine typisch zwiespältige Situation: Die Tagesmutter nimmt Ella an der einen Hand, die Mutter hält sie an der anderen Hand, steht nicht vom Stuhl auf und lässt ihre Hand nicht los. Ella ist zwischen Mutter und Tagesmutter hin- und hergerissen. Während die Mutter sie zwar mit Worten ermutigt, in die Spielecke zu gehen, hält sie gleichzeitig aber ihre Hand fest, teils zieht sie Ella wieder zu sich heran.

So geht das schon seit einiger Zeit. Die Angst der Mutter, Ella »loszulassen«, kann man nur verstehen, wenn man weiß, dass die Mutter viele Versuche unternommen hatte, schwanger zu werden. Ella ist

das erste »überlebende« Kind und daher in den Augen der Mutter besonders gefährdet. Am liebsten würde sie Ella der Tagesmutter gar nicht überlassen, weil sie große Angst hat, dass ihr etwas zustoßen könnte. So ist es nicht verwunderlich, dass sich Ella plötzlich wieder umdreht, auf den Schoß der Mutter klettert und diese eng umarmt. Die Mutter strahlt daraufhin und sagt zur Tagesmutter, dass es für die »Ablösung« noch zu früh sei.
Nach vielen Wochen gelingt es der Tagesmutter doch noch, Ella bei ihr einzugewöhnen. Die Mutter hat inzwischen aber auch mit der Tagesmutter darüber gesprochen, dass ihre Angst um Ella größer ist, als ihr selbst lieb ist. Daher holt sie sich fachliche Hilfe in einer psychologischen Beratungsstelle, damit sie die zukünftigen Entwicklungsschritte – mit einer Trennung von Ella – besser aushalten kann.

»QUENGELBABY«

Manche Kinder scheinen ständig unzufrieden zu sein. Sie quengeln, lassen sich schlecht beruhigen. Es ist dann aber nicht immer so, dass sie laut aufschreien und weinen. Das Quengeln ist Ausdruck von ständigem Unwohlseins und Anspannung. Die Mütter sind oft verzweifelt und wissen nicht, wie sie ihrem Baby etwas Gutes tun können. Es kann sein, dass das Baby auf stressvolle Reize intensiver reagiert als andere Babys. Diese besondere Reizbarkeit kann auf genetische Ursachen zurückzuführen sein, kann aber auch durch Ängste der Mutter während der Schwangerschaft oder durch beides bedingt sein. Wir wissen, dass Babys bei einer bestimmten genetischen Grundausstattung auf stressvolle Ereignisse in der Schwangerschaft besonders sensibel reagieren und auch schon während der Schwangerschaft – noch in der Gebärmutter – mit mehr Schreckhaftigkeit auf äußere Reize antworten. Ein solches Verhalten kann sich auch nach der Geburt fortsetzen. Solche Babys brauchen dann besonders feinfühlige Mütter, die sich von den raschen Reaktionen auf kleinere Reize und der Unzufriedenheit nicht zu sehr stressen lassen und in aller Ruhe auf ihre Schützlinge eingehen.

Manchmal übertragen sich der Stress und die Anspannung der Mutter auch auf das Baby, zum Beispiel beim Wickeln oder Stillen. Diese Anspannung kann natürlich viele Ursachen haben, in ihr können sowohl die Sorge um das Baby als auch Partnerschaftskonflikte und Probleme anderer Art zum Ausdruck kommen. Wie in einem Teufelskreis schaukeln sich dann Mutter und Baby gegenseitig hoch.

BEISPIEL Markus ist seit der Geburt ein Baby, das auf äußere Reize sehr intensiv reagiert. Bei Musik wird er eher unruhig, und wenn seine Mutter mit ihm zu lange unterwegs ist, fängt er an zu quengeln oder sogar zu weinen. Die Mutter hat das Gefühl, dass sie ihn von äußeren Reizen abschirmen muss, weil er sonst rasch unzufrieden wird und ihr mit Nörgeln signalisiert, dass ihm alles zu viel ist. Geht sie dann mit ihm in einen ruhigen Raum, wiegt ihn und spricht beruhigend mit ihm, so strahlt er sie bald wieder an. Die Mutter kann sich nicht vorstellen, wie es möglich ist, dass andere Babys selbst bei größtem Lärm einschlafen. Schon gegen Ende der Schwangerschaft hatte die Mutter das Gefühl, Markus habe häufig Phasen, in denen er in ihrem Bauch sehr unruhig »umherturne«, wie sie es nannte. Leider war die Schwangerschaft in dieser Zeit für sie sehr von Trauer überschattet, da ihre Mutter plötzlich verstarb. Seitdem konnte sie schlecht schlafen, machte sich viele Sorgen und war durch die Veränderungen in ihrer Ursprungsfamilie sehr belastet. Obwohl ihr Partner sie unterstützte, lebte sie doch in einer großen Anspannung und befürchtete, dass noch weitere schlimme Dinge passieren könnten. Sie war heilfroh, als Markus endlich gesund auf der Welt war, wenn auch die Geburt sehr lange gedauert hatte.

Wenn Markus einen schlechten Tag hat und viel quengelt, die Mutter ihm auch nicht das ruhige Umfeld geben kann, das er braucht, schaukeln sich Mutter und Baby oft wechselseitig hoch. Das Nörgeln macht auch die Mutter mit der Zeit mürbe und »stresst« sie, so dass sie immer unfeinfühliger und mit Vorwürfen auf das Verhalten von Markus reagiert. Sie fragt ihn dann anklagend und genervt, warum er so empfindlich sei, dass man nirgendwo mit ihm hingehen könne. An schlimmen Tagen weint Markus plötzlich los, und alles wird für Mutter und Baby noch schwieriger; oft weinen schließlich beide.

Als sich solche Geschehnisse häufen, nimmt sich der Vater Urlaub und hilft bei der Versorgung des Babys sowie im Haushalt. Der Hausarzt veranlasst schließlich, dass die Familie eine Hilfe bekommt, weil er erkennt, dass die Mutter an einer Depression leidet. Die Unterstützung entlastet die Mutter und gibt ihr Zeit, sich für ein Erstgespräch in einer psychologischen Beratungsstelle anzumelden. Dort erhält sie schließlich fachliche Hilfe, so dass sie den Verlust ihrer Mutter betrauern kann. Die Mutter ist in der folgenden Zeit – in Erinnerung an ihre Mutter – oft traurig. Aber die Beziehung zu ihrem Sohn hat sich entspannt; sie kann sich wieder öfter an ihm erfreuen, weil er viel seltener quengelt.

»WÜTERICHE«

Es gibt Babys, die auf kleinste Frustrationen und »Neins« der Mutter oder des Vaters sehr heftig reagieren. Schon im Säuglingsalter, vielleicht mit sieben bis acht Monaten, wenn sie die Welt erkunden und gerade erst mal robben oder krabbeln können, sind sie schon von einer solchen inneren Lebenskraft getrieben.

Diese Zeit ist nicht leicht für die Eltern, weil sie ihrem Baby immer wieder Grenzen aufzeigen müssen, wenn es sich in gefährliche Situationen begibt. Sie müssen hier sehr konsequent und in der Grenzsetzung klar sein und ihr Nein deutlich zum Ausdruck bringen, wenn das Baby etwas tun möchte, was für es bedrohlich oder gefährlich werden könnte, oder wenn die Eltern aus anderen Gründen etwas nicht erlauben möchten. Es kann sein, dass das Baby aufgrund seines Temperaments heftig auf das Nein der Eltern reagiert und häufiger Wutanfälle bekommt, die die Eltern sehr erschrecken. Wutanfälle sind ganz normal und kommen in der Trotzphase vorübergehend vor. Letztlich geht es dem Baby nicht darum, die Familie als »Wüterich« zu tyrannisieren, vielmehr sind das Weinen und der Wutanfall der Ausdruck einer großen Enttäuschung, weil das Kind seinen ausgeprägten Eigensinn in einem bestimmten Moment nicht verwirklichen konnte. Es spricht für ganz viel Lebensenergie, dass das Baby schon weiß, was es will, und dies auch gegen Widerstand und Frustrationen durchsetzen möchte.

Genau das sind die Eigenschaften und Fähigkeiten, die dem Baby später im Erwachsenenalter helfen, sich nicht entmutigen zu lassen und Dinge immer wieder neu anzupacken. Es ist wichtig, dass

die Eltern zu dieser Kraft eine positive Einstellung bekommen, auch wenn es verständlicherweise im Alltag schwer ist, die Wutanfälle emotional positiv zu begleiten und auszuhalten. Die Fähigkeit des Kindes, Gefühle wie Wut und Angst alleine zu bewältigen, wächst mit der Begleitung durch die Eltern erst allmählich. Später können Kinder im Kindergarten- und Schulalter immer häufiger schließlich auch mit eigenen Worten ausdrücken, wenn sie wütend sind – ohne gleich »zu explodieren«.

BEISPIEL Amelie (19 Monate alt) ist ein süßer Engel mit Locken. Wenn sie einen anstrahlt, würde man nicht ahnen, welch kleiner Wüterich sie sein kann. Heute ist ein wunderbarer Sonnentag. Die Mutter freut sich schon auf den Spaziergang mit Amelie zum Spielplatz. Wenn sie nur wüsste, wie sie Amelie rasch dazu bringen könnte, sich ohne Wutanfälle anzuziehen. Denn gerade beim Anziehen erprobt Amelie seit einigen Tagen ihre »Autonomie«. Als die Mutter ihr die roten Söckchen anziehen will, sagt Amelie entschieden »Nein!« und deutet auf die schmutzigen blauen Socken von gestern. Die Mutter will ihr daraufhin die blauen Söckchen geben, die dann aber auch nicht die richtigen sind. Kurz überlegt die Mutter, ob sie es bereits an dieser Stelle zu einer Auseinandersetzung kommen lassen soll. Aber eigentlich ist es egal, denn früher oder später wird Amelie vermutlich explodieren. Leicht scherzhaft sagt die Mutter: »Oh Amelie, könntest du heute auch mal ein anderes Wort als ›nein‹ sagen?«, worauf Amelie entschieden mit »Nein!« antwortet, ihren Mund zusammenkneift, ihre Augenbrauen zusammenzieht und dabei ihre entschlossenste Miene aufsetzt. Als die Mutter jetzt schließlich darauf besteht, dass Amelie die roten Söckchen anziehen soll, schreit diese laut auf, wirft sich brüllend auf den Boden und strampelt wild mit den Beinen. Die Mutter passt auf, dass sich Amelie in ihrem Wutanfall nicht verletzt. Sie zieht sie etwas von den Möbeln weg in die Mitte des Raumes. Als sie Amelie dazu anfasst, brüllt diese noch lauter. Ungefähr mit einem Meter Abstand sitzt die Mutter jetzt ganz ruhig neben ihr auf dem Boden und passt auf, dass sie von ihr nicht getreten werden kann. Als Amelie nicht mehr ganz so laut brüllt, sagt sie zu ihr: »Oh je, so eine Wut, ich weiß ja, dass du dich gerne hübsch machst, aber die schmutzigen Söckchen von gestern müssen in die Wäsche. Die roten Söckchen sind auch schick.« Jetzt wird Amelies Schreien durch ein Schluchzen abgelöst, und sie schaut kurz zur Mutter auf. Diese legt daraufhin ihren Arm um sie. Amelie kommt zu ihr und schmiegt sich etwas an, während die Mutter ihre Tränen trocknet. Dann zieht sie ihr die roten Söckchen an und geht mit ihr zum Spielplatz.

Unterwegs läuft Amelie zu einem Busch im Park und rupft rote Beeren ab. Die Mutter ruft laut »Nein!«, als sie sieht, dass Amelie Beeren in ihrer Hand hat. Jetzt läuft sie zu ihr hin und nimmt ihr die Beeren aus der Hand. Amelie dreht sich wütend um und will sofort wieder nach den Beeren greifen. Jetzt sagt die Mutter: »Nein, deine Hände bleiben bei dir!« Sie nimmt Amelie an der Hand und zieht sie von dem Busch weg. Daraufhin bekommt Amelie ihren nächsten Wutanfall. Mitten auf dem Parkweg wirft sie sich auf den Boden und tobt. Alle Fußgänger und Jogger müssen einen Bogen um sie machen. Die Mutter geht in die Hocke, wieder mit etwas Abstand zu Amelie, und sagt: »Oh je, was für eine Wut, ich weiß ja, dass du so neugierig bist, aber die Beeren sind giftig!« Als Amelie einen tiefen Seufzer macht, legt sie wieder den Arm um sie, und schließlich sucht Amelie wieder den Kontakt mit ihr und möchte getröstet werden. Die Mutter sagt: »Jetzt lass uns schnell zum Spielplatz gehen, dort können wir rutschen!« »Ja!«, sagt Amelie ganz entschieden. Oh, denkt die Mutter erfreut, das war das erste »Ja« am heutigen Tag.

Die kleine Rutsche ist wunderbar. Unermüdlich will Amelie rutschen, zunächst hält sie sich noch an der Hand der Mutter fest. Dann sagt sie ganz bestimmt: »Nein, Amelie alleine!« Und stolz klettert sie alleine hoch und rutscht hinunter in die Arme der Mutter. Diese freut sich jetzt über Amelies enorme Ausdauer, ihren Mut und ihren Eigen-Sinn – dass sie Neues auch schon alleine ausprobieren will. Zufrieden und stolz gehen Mutter und Amelie vom Spielplatz nach Hause.

SCHREIBABYS

Gerade in den ersten drei Monaten sind Babys oft von sogenannten »Koliken« geplagt, weinen und quengeln viel oder bekommen unstillbare Schreiattacken. Sie schreien dann viele Stunden am Tag, manchmal auch noch mehr während der Nacht, und dies viele Tage hintereinander. Das bedeutet großen Stress für die Eltern. Ein Kinderarzt sollte mögliche körperliche Ursachen abklären und ausschließen. Stellt sich heraus, dass es keine körperliche Ursache für das ständige Weinen des Babys gibt, kann man sich über psychische Ursachen Gedanken machen. Babys sind in diesem Alter sehr neugierig, aufnahmefähig, und es kann sein, dass die Überstimulation des Babys mit äußeren Reizen alleine schon ausreicht, um es in einen Zustand von Stress und Erregung zu versetzen. Das Weinen ist dann ein Versuch, den Stress loszuwerden und auf diese Weise in einen ruhigeren emotionalen Zustand zu kommen. Wenn die Eltern keine größeren eigenen emotionalen Schwierigkeiten haben, kann man oftmals durch wenige Beratungsstunden erreichen, dass die Eltern die Signale des Babys besser lesen lernen und es somit auch besser beruhigen können. Die Beratung kann Hinweise für einen feinfühligeren Umgang mit dem Baby und seine Pflege oder auch zum besseren Verstehen der Reaktionen des Babys auf Reize geben. Wenn die Eltern aber zum Beispiel sehr ängstlich sind oder von eigenen »Geistern« aus ihren Kindheitstagen geplagt werden, benötigen sie eine zusätzliche Hilfestellung. Sonst besteht die Gefahr, dass sie ihre eigenen Ängste auf das Baby übertragen oder die Signale des Babys vor lauter Angst nicht richtig lesen können oder falsch interpretieren. Viele Beratungsstellen und Kliniken unterhalten inzwischen sogenannte Schreisprechstunden für Babys, wo die Eltern hingehen können, um dort von speziell ausgebildeten Fachleuten Rat und Hilfe zu bekommen.

SCHLAFPROBLEME

Manche Babys können nur sehr schwer ein- oder durchschlafen, sie weinen viel und wachen öfters auf. In dem Kapitel über bindungsorientiertes Einschlafen habe ich genau beschrieben, wie solche Babys behandelt werden können. Am Anfang einer solchen Behandlung besteht aber auch hier die Notwendigkeit, mögliche körperliche Ursachen von einem Kinderarzt abklären zu lassen. Gibt es keine organischen Ursachen für Schlafprobleme des Babys, muss auch hier mit den Eltern überprüft werden, wie das Einschlaf- und Trennungsritual aussieht. Wichtig ist auch, welche Erwartungen die Eltern an ein Baby haben. Oft hoffen sie, oder sie gehen ganz im Sinne eines verklärten Ideals davon aus, dass ein Baby möglichst bald die ganze Nacht für viele Stunden durchschläft und morgens dann ausgeschlafen und vergnügt seine Eltern begrüßt. Babys schlafen aber in der Regel gar nicht durch, im Gegenteil: Weltweit werden Babys circa alle 2–4 Stunden wach, weil sie Hunger haben. Damit haben die meisten Eltern – selbst wenn sie vor der Geburt darüber schon gelesen haben – große Schwierigkeiten, weil dieser Schlaf-Wach-Rhythmus des Babys so gar nicht den eigenen Schlafbedürfnissen von Mutter oder Vater entspricht. Haben die Eltern keine größeren Schwierigkeiten mit eigenen Trennungsproblemen, die sie beschäftigen, gelingt es oft in wenigen Sitzungen, sie so zu unterstützen, dass sie ihrem Baby zu einem ruhigeren Schlaf verhelfen können. Sind die Eltern aber innerlich angespannt, etwa durch eigene Verlust- und Trennungsereignisse, löst die Schlafsituation mit der Trennung vom Baby Ängste aus. Viele Eltern organisieren heute eine Schlafsituation für sich und ihr Baby mit einem Familienbett, oder das Baby schläft in einer Wiege unmittelbar neben dem Bett der Mutter. Auf diese Weise ist keine Trennung von Eltern und Baby notwendig. Es ist gut verständlich, dass eine Mutter, die bereits ein Baby durch Tot- oder Fehlgeburt verloren hat, sich schlecht von ihrem Baby trennen kann, weil sie von besonderen Ängsten vor einem plötzlichen Kindstod geplagt wird. Manche Eltern brauchen eine eigene individuelle Hilfestellung bis hin zur Psychotherapie.

BEISPIEL Die Mutter von Levi (8 Monate) ist unglücklich, weil er sich besonders nachts nach dem Stillen nicht mehr ablegen lässt und meistens zwei Stunden weint. Wenn sie ihre Hand auf seine Brust legt, kommt er langsam zur Ruhe, aber er braucht lange, bis er wieder schläft. Sie sitzt dann neben seinem Bettchen und möchte selbst gar nicht in ihr Bett gehen. Lange betrachtet sie ihn und ist ganz glücklich, dass er gesund ist. Wegen der Schrei- und Schlafprobleme war sie mit Levi gerade erst beim Kinderarzt. Vor etwas mehr als zwei Jahren hat sie im 7. Monat ein Kind tot geboren; das war eine schreckliche Erfahrung, die Bilder verfolgen sie manchmal noch im Traum. Levi nachts alleine einschlafen zu lassen fällt ihr sehr schwer, obwohl sein Bettchen im gleichen Raum wie ihr Bett steht.

Immer wieder erinnert sie sich auch daran, wie sie als Kind mit 6 Jahren in der Kinderklinik alleine im Bettchen lag. Damals fühlte sie sich sehr einsam und hatte viel Angst; sie weinte und hoffte, ihre Mutter werde kommen, aber diese kam nicht. Sie kann sich gar nicht vorstellen, dass Levi mit 6 Jahren alleine in die Schule gehen wird. Als die Zeiten, in denen Levi nachts weint, immer länger werden, wird die Mutter immer erschöpfter und auch verzweifelter, weil sie jetzt viele Stunden in der Nacht entweder mit Levi auf dem Arm durch die Wohnung wandert oder am Bettchen von Levi »wacht«.

Schließlich holt sie sich in einer Beratungsstelle für Babys mit Schrei- und Schlafstörungen Rat. Hier kann sie auch erstmals darüber sprechen, wie ihre Erfahrungen als Kind, die Geburt eines toten Kindes und Levi Schrei- und Einschlafprobleme zusammenhängen könnten. In einem gemeinsamen Gespräch versteht ihr Partner sehr gut, dass sie nachts Hilfe brauchen könnte, um selbst Trost zu finden, wenn sie – in ihre Gedanken versunken – an Levis Bettchen sitzt. Als ihr Partner nachts mit aufsteht, Levi hinlegt und wiegt sowie sie emotional unterstützt und ihr hilft, kann sie selbst sich leichter von Levi trennen und besser wieder einschlafen.

Levi kann nach wenigen Tagen rascher wieder in den Schlaf finden als seine Mutter. Als er in einer der folgenden Nächte erstmals sechs Stunden am Stück durchschläft, steht seine Mutter immer wieder auf und kontrolliert, ob er noch atmet. Sie findet das selbst übertrieben, kann es aber auch nicht sein lassen. Sie hat viel zu viel Angst, er könne tot in seinem Bettchen liegen, wenn er sich nicht meldet. Dieses Erlebnis ist der Anlass, sich in der Beratungsstelle doch noch weitere Hilfe zu holen, um den Verlust des ersten Kindes gut zu verarbeiten.

FÜTTERPROBLEME

Auch bei Fütterproblemen muss zunächst eine medizinische Abklärung stattfinden. Sind organische Ursachen ausgeschlossen, kann man die Eltern bitten, eine Videoaufzeichung von der Füttersituation anzufertigen. Das Video wird gemeinsam mit den Eltern angeschaut. Da zeigen sich oft typische Probleme. Oft versäumen es die Eltern, die Signale des Babys wahrzunehmen, etwa wann es bereit ist zu essen und wann es den Kopf abwendet und eine längere Pause braucht. Das Baby dreht den Kopf weg, wendet sich ab, überstreckt sich und will aus dem Hochstühlchen hinaus oder sich aus dem Arm der Mutter herauswinden. Wenn die Mutter es mit Gewalt festhält und zum Essen zwingen will, ist dies sehr problematisch. Das Baby macht hierdurch die Erfahrung, dass sein Signal, sein »Nein« zum Füttern, nicht ernst genommen und es beim Essen in einen zunehmenden Kampf verwickelt wird.

Die Therapie besteht dann darin, dass die Eltern lernen, die Signale genau wahrzunehmen und zu respektieren, damit das Baby wieder in den Zustand kommt, dass es selbst die Kontrolle über das Essen behält. Man kann nämlich weder Babys noch größere Kinder zum Essen zwingen. Essen, den Mund aufmachen, schlucken – das müssen sie selbst tun. Manche Mütter verzichten ganz auf Breinahrung und beginnen mit gegartem Gemüse, das sie dem Baby in handlicher Größe reichen und es ihm überlassen, ganz selbstbestimmt in seiner Neugier daran zu lecken, zu riechen, zu saugen, zu knabbern. Sobald sich also zwischen Mutter und Kind ein Machtkampf in der Frage entwickelt, wer das Essen bestimmt, kann man

von vorneherein klar sagen: Das Baby wird diesen Kampf gewinnen! Wenn die Eltern sehr großen emotionalen Druck ausüben und das Kind zum Beispiel stundenlang vor dem Teller sitzen lassen oder es gar zur Strafe, weil es sich zu essen weigert, alleine in ein Zimmer schicken, dann bedeutet dies, dass sie mit Beziehungs- und Bindungsabbruch drohen. Dies ist ein extremer Stress für das Kind. Es wird dann unter Umständen anfangen zu essen, weil der Verlust der Bindungsbeziehung einen noch größeren Stress darstellt. Gleichzeitig wird diese Situation aber auch die Bindungsbeziehung zwischen Mutter und Kind extrem belasten. Es kann also nicht im Interesse der Mutter sein, über Bindungsabbruch und Drohen das Kind zum Essen zu zwingen und dadurch vielleicht die gute Bindungsbeziehung aufs Spiel zu setzen.

Für solche Fütterprobleme gibt es Hilfe in psychologischen Beratungsstellen und auch spezielle Babysprechstunden.

BEISPIEL Seit zwei Wochen hat sich das Füttern von Jasmin (10 Monate) zu einem Machtkampf entwickelt. Sie sitzt in ihrem Hochstuhl und möchte selbst den Löffel und den Teller mit dem Brei haben. Ihre Mutter hält ihr die Hände fest und versucht, sie zu füttern. Dann dreht sich Jasmin weg und zeigt auf den Teller der Mutter. Sie möchte unbedingt etwas vom Essen der Mutter probieren. Wenn diese ihr hiervon etwas anbietet, greift sie mit ihrer Hand blitzschnell nach dem Löffel, schnappt sich das Essen vom Löffel und stopft es sich in den Mund. Ihre Mutter findet diese Art zu essen widerlich und überlegt, wie sie Jasmin anständige Essgewohnheiten beibringen könne.

Wenn sie so »unanständig« gegessen hat, hat ihr die Mutter in letzter Zeit öfter den Teller weggenommen und sie auf diese Weise bestraft. Da Jasmin hierdurch immer weniger zu sich genommen hat, geriet die Mutter in Sorge und suchte bei einer Beratungsstelle Hilfe. Es zeigt sich, dass die Mutter selbst sehr früh gelernt hatte, selbständig und »anständig« zu essen. Gutes Benehmen am Tisch war in ihrer Familie sehr wichtig. Der Teller musste auch immer vollständig leergegessen werden. Die Mutter erinnert sich noch, dass sie manchmal als Kind nachmittags vor ihrem Teller saß und erst zum Spielen gehen durfte, wenn sie alles aufgegessen hatte. In der Pubertät hatte sie eine Magersucht entwickelt.

Die Kämpfe am Tisch um das Essen kommen ihr sehr bekannt vor. Sie hatte sich geschworen, ihr Kind später nie zum Essen zu zwingen. Mit Hilfe der Beratung gelingt es ihr, die eigenen »bösen« Geister aus ihrer Kindheit nochmals genauer anzuschauen und schließlich »zu vertreiben«. Schließlich kann sie sich daran freuen, welchen Spaß ihre Tochter am Essen hat und wie selbständig sie ihren Löffel benutzt, auch wenn es dabei noch so manche »Schmiererei« gibt.

FAZIT Trotz allem Stress, den Belastungen, Unsicherheiten, Ängsten und anstrengenden Nächten sind Babys letztendlich das große Glück ihrer Eltern. Sie wurden oft sehnsüchtig erwartet. Wenn die Eltern sich nicht allzu sehr verstricken und bei Problemen zeitig Hilfestellung bekommen, sind auch die schwierigen Phasen und unglücklichen Momente relativ bald wieder vergessen. Kinder sind ein Segen und eine große Herausforderung zugleich, weil sie die Eltern auch an ihre eigenen Grenzen bringen können, Entwicklungsprozesse bei diesen einfordern und sowohl mangelnde als auch verborgene Fähigkeiten ihrer Eltern erkennen lassen, so dass diese manchmal auch durch ihr Baby über sich hinauswachsen.

Es ist wunderbar, die kleinen Dinge des Lebens mit den Augen eines Kindes zu sehen. Auf dem geplanten mehrstündigen Spaziergang geht man dann vielleicht nur wenige hundert Meter weit, weil das Baby quasi Zentimeter für Zentimeter die Welt neu entdeckt. Es ist ein großes Glück, diese Erfahrung mit dem Nachwuchs zusammen machen zu dürfen. Das Strahlen und das Glück in den Augen eines Kindes sind durch nichts auf der Welt zu ersetzen und gehören zu den Kostbarkeiten des Lebens. Dies ist eine unbeschreibliche Erfahrung, die ich allen Eltern und allen anderen Betreuungspersonen wünsche, eine Erfahrung, die sie auch für ihre eigene Entwicklung als großen Schatz nutzen können.

DER SAFE®-KURS ZUR FÖRDERUNG EINER SICHEREN ELTERN-KIND-BINDUNG

ZIELGRUPPE

Insbesondere werdende Eltern – und zwar sowohl solche, die ihr erstes Kind bekommen, als auch solche, die schon ein oder mehrere Kinder haben – sollten an einem SAFE®-Elternkurs teilnehmen; durch einen solchen Kurs können sie schon mit Beginn der Schwangerschaft in ihren Kompetenzen und Fähigkeiten unterstützt werden und lernen, wie sie die sichere Bindung zu ihrem Kind aufbauen können. Grundsätzlich sollten die Eltern die Motivation mitbringen, sich auf die emotionale Entwicklung ihres Kindes einzulassen und hierfür die Teilnahme an einem SAFE®-Elternkurs

als unterstützende Maßnahme in Anspruch zu nehmen. Die klinische Erfahrung zeigt, dass Eltern gerade während der Schwangerschaft viel mit Erinnerungen aus ihrer eigenen Kindheit beschäftigt sind. Gerade positive Bindungserfahrungen wie auch traumatische Erfahrungen, die aus der Beziehung zu den eigenen Eltern stammen, werden wieder erinnert und sind den Eltern während der Schwangerschaft oftmals – mit allen Gefühlen von Freude, Angst, Wut und Enttäuschung – sehr nahe. Die Eltern überlegen sich, wenn sie sich ihre eigene künftige Mutterschaft oder Vaterschaft vorstellen, ob sie so werden möchten wie ihre Eltern oder ob sie die eigenen Erfahrungen mit *ihren* Eltern in der neuen eigenen Elternrolle auf gar keinen Fall wiederholen möchten.

Gerade während der Schwangerschaft sind die Eltern oft sehr motiviert und bereit, sich mit den »guten wie bösen Geistern« ihrer Kindheitstage nochmals auseinanderzusetzen. Ist ein Baby erst einmal geboren, sind die Eltern mit vielen täglichen Anforderungen – wie füttern, wickeln und Schlaf des Babys – beschäftigt. Daher treten nach der Geburt Erfahrungen und Gefühle aus der eigenen Kindheit wieder in den Hintergrund oder verschwinden ganz.

Während des ersten Jahres nach der Geburt des Kindes benötigen die Eltern vor allem zusätzliche Hilfestellungen, da viele Fragen erst dann auftauchen, wenn sie durch das Baby konkret damit konfrontiert sind. Oft sehen wir in unserer psychosomatischen Beratungsstelle Eltern erst, wenn viele Schwierigkeiten in Bezug auf Füttern, Schlafen, Beziehungsaufbau bereits ein gewisses Maß der Verfestigung erreicht haben, also ein Baby etwa bereits über mehrere Wochen täglich für viele Stunden schreit und sich nicht beruhigen lässt. Die Eltern suchen also unsere Beratungsstelle erst auf, wenn sie bereits psychisch erschöpft sind. Um solche Zustände möglichst frühzeitig abzufangen und den Eltern unmittelbar bei den ersten Schwierigkeiten eine Hilfestellung anzubieten, unterstützt der SAFE®-Kurs Eltern mit einem Säugling während des ganzen ersten Lebensjahres, möglichst auch in der Phase der Anpassung nach der Geburt.

INHALTE DES PROGRAMMS SAFE®

Auf diesem Hintergrund wurde das Programm »SAFE® – Sichere Ausbildung für Eltern« entwickelt, das besonders eine sichere Bindungsentwicklung zwischen Eltern und Kind fördern, die Entwicklung von Bindungsstörungen verhindern und ganz besonders die Weitergabe von traumatischen Erfahrungen über Generationen hinweg verhindern soll. Aus diesem Grund wurde auch der Name SAFE® gewählt, der zum Ausdruck bringt, dass die Entwicklung sowohl für die Eltern als auch für das Kind sicher sein soll. Teilweise werden SAFE®-Gruppen über Familienbildungsstätten oder Schwangerschaftsberatungsstellen organisiert und angeboten und auch über Zuschüsse finanziert, so dass die Eltern selbst nur einen geringen Teilnehmerbeitrag zahlen müssen; manchmal werden die Gruppen aber auch etwa von niedergelassenen Hebammen und Psychologinnen organisiert, die von den Eltern eine verabredete Honorarvergütung erhalten. In der Regel werden die SAFE®-Elternkurse gemeinsam von einem Leiter bzw. einer Leiterin und einer Co-Leitung für eine geschlossene Gruppe über den gesamten Zeitraum von der Schwangerschaft bis zum Ende des ersten Lebensjahres abgehalten. Es nehmen sowohl Paare als auch Alleinerziehende teil, manche Teilnehmerinnen sind Erstgebärende, andere haben bereits Kinder.

Das SAFE®-Programm besteht insgesamt aus vier Modulen. Modul I besteht aus den vorgeburtlichen sowie nachgeburtlichen Elterngruppen, in Modul II werden vor der Geburt ein Video-Feinfühligkeitstraining in der Gruppe und nach der Geburt ein individuelles Video-Feedback durchgeführt, Modul III besteht aus der individuellen Hotline mit der Möglichkeit zur individuellen Beratung durch die SAFE®-Mentorin; in Modul IV wird den Eltern bei Bedarf eine individuelle Beratung, die bis zur Psychotherapie reichen kann, vermittelt.

Die Gruppe mit den Eltern, die sich alle in ähnlichen Schwangerschaftsphasen befinden, stellt dabei für das gesamte Programm einen wesentlichen haltenden Rahmen dar. Es entsteht über die Kursdauer, von ca. der 20. Schwangerschaftswoche bis zum Ende des ersten Lebensjahres, ein großer Gruppenzusammenhalt. Das Video-Feedback, die Psychotherapie sowie die Benutzung der Hotline werden von den Eltern individuell in Anspruch genommen. Somit kombiniert SAFE® gruppenbezogene Effekte wie auch individuelle Hilfestellungen in einem einzigen Kursangebot.

MODUL I

VORGEBURTLICHE ELTERNGRUPPEN: In diesem Modul treffen sich die Elterngruppen an vier Sonntagen während der Schwangerschaft, beginnend ca. ab der 20. und dann folgend in der 24., 28. und der 32. Schwangerschaftswoche. Das Programm beginnt bereits zu einem Zeitpunkt, zu dem in der Regel die Ultraschall-Fehlbildungsdiagnostik abgeschlossen ist und es somit an der Existenz und der Fortführung der Schwangerschaft keinen großen Zweifel mehr geben sollte. Der Sonntag hat sich als sehr guter Kurstag bewährt, da die Elternpaare an diesen Tagen in der Regel sehr entspannt teilnehmen können und besonders auch die Väter stärker motiviert sind. Zu den Inhalten dieses Moduls gehören umfassende Informationen und der Austausch in der Gruppe, etwa über Fähigkeiten des Säuglings und der Eltern, Erwartungen der Eltern – z. B. an das ideale Baby, die ideale Mutter, den idealen Vater –, über Fantasien und Ängste der Eltern sowie die vorgeburtliche Bindungsentwicklung.

Weiterhin erlernen die Eltern bereits von Kursbeginn an Stabilisierungs- und Entspannungsverfahren, um mit stressvollen Situationen während der Schwangerschaft und nach der Geburt besser umgehen zu können. Es ist aus der Forschung bekannt, dass sich Ängste und Stresserleben während der Schwangerschaft sowohl auf die emotionale Bereitschaft der werdenden Mutter, sich im Sinne der vorgeburtlichen Bindung auf den Säugling einzulassen, als auch auf den Säugling selbst und seine Reizbarkeit und Stresstoleranz negativ auswirken können. Weiterhin können die Eltern die gelernten Stabilisierungs- und Entspannungstechniken sehr gezielt nach der Geburt einsetzen, wenn stressvolle Zeiten mit dem Säugling kommen – und in der Regel gibt es sie bei allen Eltern-Kind-Paaren früher oder später. Solange das Baby aber noch im Bauch versorgt ist, haben die Eltern mehr Zeit und eine größere innere Bereitschaft, solche Entspannungsverfahren zu erlernen. Ist das Baby erst einmal da und fordert es die Eltern Tag und Nacht, finden sie weniger oder oft gar keine Ruhe mehr, sich auf das Erlernen neuer Entspannungsverfahren einzulassen.

NACHGEBURTLICHE ELTERNGRUPPEN: Nach der Geburt werden die Elterngruppen sonntags an sechs ganztägigen Kurstagen ca. im 1., 2., 3., 6., 9. und 12. Monat fortgeführt. Die Eltern werden somit während der schwierigsten Zeit der Kindesentwicklung und Anpassung nach der Geburt des Säuglings sowie auch in der Phase der Umstellung in der Partnerschaft und der Neuentwicklung einer Beziehung zu dritt mit dem Säugling unterstützt.

Auch nach der Geburt erweist sich der Zusammenhalt in der Gruppe als sehr hilfreich, da alle Eltern im vergleichbaren Entwicklungsprozess stecken. Einzelne Eltern mit ihren Säuglingen treffen sich auch außerhalb der Gruppensonntage, um sich auszutauschen und gemeinsame Aktivitäten zu unternehmen. Es entsteht somit eine Eltern-Gruppe, die sich bereits vor der Geburt stabilisierend auf die Eltern ausgewirkt hat. Dieser positive Effekt intensiviert sich noch nach der Geburt. Die Inhalte des Kurses nach der Geburt beziehen sich auf die Verarbeitung des Geburtserlebnisses, das nicht immer mit positiven Erfahrungen verbunden ist. Manchmal erfolgt die Geburt als »Notfall« durch Kaiserschnitt oder auch zu früh (Frühgeburt), so dass in der Gruppe und auch individuell eine intensivere Hilfestellung notwendig ist, damit sich die Eltern-Kind-Beziehung nicht mit Angst und Schrecken entwickelt. Unverarbeitete Geburtserlebnisse können sich negativ auf den Aufbau der Eltern-Kind-Bindung auswirken. Auch die nachgeburtliche

Depression, an der laut Längsschnittstudien 12–15% aller Mütter erkranken, könnte durch eine frühzeitige Gruppenbegleitung vielleicht verhindert werden.

Als weitere Inhalte nach der Geburt stehen die elterlichen Kompetenzen, die Beziehungen zwischen Mutter, Vater und Kind, Schwierigkeiten mit Schreien, Füttern, Stillen, Schlafen sowie der Aufbau der emotionalen Beziehung im Mittelpunkt. Die Eltern bringen die Babys zu den Terminen mit, so dass ihr Bindungsverhalten und das des Kindes sowie das Erkundungsverhalten des Babys in der Gruppe direkt beobachtet und daraus gelernt werden kann.

MODUL II

FEINFÜHLIGKEITSTRAINING UND VIDEOAUFZEICHNUNG: Mit Hilfe von Videos zur Eltern-Kind-Beziehung werden die Eltern bereits vor der Geburt darin geschult, die Signale von Babys in den verschiedensten Situationen wahrzunehmen und sich somit Gedanken über mögliche Interpretationen sowie eine angemessene und prompte Reaktion auf die Signale ihres Kindes zu machen. Dieses Training ermöglicht es den Eltern, ganz spezifisch an konkreten Videoaufnahmen – etwa zum Füttern, Stillen, Wickeln sowie zum Spiel und Zwiegespräch zwischen Eltern und Kind – erste Erfahrungen zu sammeln und sich auf die Signale des Säuglings feinfühlig einzustellen.

Während der Zeit nach der Geburt werden von den Eltern und ihrem Baby ebenfalls individuelle Videoaufnahmen beim Wickeln, Stillen, Füttern, Spielen und zu einer Situation, in der die Eltern dem Baby Grenzen setzen, angefertigt. Zu diesen Videoszenen erhalten sowohl die Mutter als auch der Vater in einem persönlichen Gespräch eine individuelle Rückmeldung. Ziel ist es, dass die Eltern – durch die realen aktuellen Erfahrungen mit ihrem Baby – lernen sollen, dessen individuelle Signale besser zu erkennen, richtig zu interpretieren und angemessen und prompt hierauf zu reagieren. Verunsicherungen und emotionale Schwierigkeiten der

Eltern sowie falsche Interpretationen der Signale können bereits in diesem Stadium frühzeitig erkannt, besprochen und korrigiert werden. Wenn die Eltern einverstanden sind, können ihre individuellen Videoaufnahmen mit ihrem Baby auch in der Gruppe für das Training von allen Teilnehmern verwendet werden. Die Eltern sind meist sehr motiviert, die Aufzeichnungen ihrer Verhaltensweisen auch der Gruppe zur Verfügung zu stellen, damit einerseits alle aus den positiven Szenen lernen können, andererseits das Zeigen typischer »Missverständnisse« zwischen Mutter und Baby verdeutlicht, was die Teilnehmer bei ihrem Baby vielleicht anders sehen oder besser verstehen könnten. Wegen der Vertrauensbeziehungen, die sich bis dahin innerhalb der Gruppe entwickelt haben, bestehen in der Regel keine größeren Probleme, sehr offen über Ängste, Befürchtungen und auch Schwierigkeiten zu sprechen.

MODUL III

HOTLINE: Eine weitere Hilfestellung besteht in der Verfügbarkeit einer *Hotline.* Gerade nach der Geburt sind Schwierigkeiten – etwa beim Einschlafen – typisch, so dass Eltern in dieser Zeit in der Regel zum ersten Mal in Not geraten, wenn ihr Baby sich nicht ablegen lässt und stundenlang weint, ohne dass sie es beruhigen oder für das unstillbare Schreien einen Grund ausmachen können. Aus der klinischen Erfahrung ist bekannt, dass die Eltern in diesen sehr stressvollen Situationen oft erst viel zu spät Hilfe suchen. Im schlimmsten Fall kommen sie erst in die Kinderklinik, wenn es bereits zu großen Schwierigkeiten mit dem schreienden Baby gekommen ist.

Die Hotline bietet den Eltern die Möglichkeit, die SAFE®-Gruppenleiterinnen und -leiter anzurufen und sich unmittelbar Rat und Unterstützung zu holen. Hier ist es von großem Vorteil, dass diejenige Mentorin oder derjenige Mentor, die/der an der Hotline erreichbar ist, den Eltern bereits aus den Gruppensitzungen vor der Geburt bekannt ist und ein Vertrauensverhältnis entstanden ist. Die Häufigkeit der Inanspruchnahme der Hotline ist sehr unter-

schiedlich und schwankt sowohl beim einzelnen Elternpaar als auch zwischen den Elternpaaren, je nach individuellen Krisen- und Belastungssituationen, die sich nur schwer voraussagen lassen. Die möglichen Hilfestellungen sind jetzt sehr gezielt einsetzbar, weil der Gruppenleiter bzw. die Gruppenleiterin die individuelle Geschichte der Eltern durch ein Interview über die eigene Kindheit der Mutter bzw. des Vaters sehr gut kennt. Hieraus können auch die besonderen Bedingungen und Schwierigkeiten besser verstanden sowie Kraftquellen erschlossen werden. Aufgrund der individuellen Videoaufnahmen, die mit den Eltern selbst und ihrem Baby etwa beim Wickeln und Füttern gemacht wurden, sind die elterlichen Fähigkeiten sehr gut bekannt, so dass bei einem Anruf über die Hotline eine rasche und gezielte Hilfe und Beratung ermöglicht werden kann. Falls die Eltern eigene unbewusste Ängste und Erwartungen auf ihr Baby übertragen und diese die Ursache der Schwierigkeiten sind, könnten solche Probleme im Rahmen einer Eltern-Säuglings-Therapie frühzeitig erkannt und behandelt werden.

Ziel des gesamten SAFE®-Programms ist es, dass nach dem Ablauf des ersten Lebensjahres möglichst viele Kinder von Eltern, die an der SAFE®- Gruppe teilgenommen haben, sichere Bindungsmuster aufweisen.

MODUL IV

INDIVIDUELLE TRAUMAPSYCHOTHERAPIE: Mit allen Eltern wird ein Interview über ihre Kindheit durchgeführt. Der Zweck dieses Interviews besteht darin, festzustellen, welche positiven Bindungserfahrungen und welche traumatischen Erfahrungen, die eventuell noch unverarbeitet sind, von den Eltern in die Beziehung zu ihren Kindern hineingebracht werden.

Besonders *unverarbeitete* traumatische Erfahrungen sind von großer Bedeutung, weil die klinische Erfahrung zeigt, dass schon Säuglinge durch ihre Verhaltensweisen bei ihren Eltern traumatische Erfahrungen und die dazugehörigen Gefühle wieder wachrufen können. Diese sind wie »Geister im Kinderzimmer«, die ungerufen kommen. So kann etwa das Weinen eines Kindes, die Suche nach Zärtlichkeit, können Wutanfälle oder auch Forderungen des Kindes nach Nähe und Kontakt ungelöste stressvolle Erfahrungen bei der Mutter oder dem Vater in Erinnerung bringen. Im schlimmsten Fall kann es dann zu einer realen Wiederholung von Gewalterfahrungen kommen, indem das Kind etwa unbeabsichtigt von der Mutter oder dem Vater geschüttelt wird.

Wenn sich im Interview zeigt, dass die Eltern solche unverarbeiteten eigenen traumatischen Erfahrungen mitbringen, werden sie darauf hingewiesen, dass diese Erfahrungen ein Risiko für die Entwicklung des Kindes und die Eltern-Kind-Beziehung darstellen. Wenn die Eltern sich motivieren lassen und dazu bereit sind, können wir mit ihnen bereits während der Schwangerschaft beginnen, ihre psychische Situation durch individuelle Beratung und Psychotherapie zu verbessern. Nach der Geburt besteht die Möglichkeit, den Eltern in individuellen Sitzungen zu helfen. Gerade dieser Anteil von SAFE® zielt auf Vorbeugung durch Vermeidung einer Wiederholung der erlebten stressvollen Erfahrungen aus der eigenen Kindheit.

SAFE®-MENTORENAUSBILDUNG

Zur Verbreitung des Programms besteht die Möglichkeit, sich als SAFE®-Mentor ausbilden zu lassen (Info unter www.safe-programm.de). Hierzu können sich grundsätzlich Mitglieder aller Berufsgruppen, die mit Schwangeren, Eltern und ihren Säuglingen arbeiten, als potentielle SAFE®-Mentoren melden, wie etwa Schwangerschaftsberaterinnen, Hebammen und Stillberaterinnen, Krankenschwestern und Krankenpfleger, Geburtshelfer, Psychologinnen und Psychologen, Kinderärztinnen und Kinderärzte, Kinder- und Jugendlichenpsychotherapeutinnen, Sprachheilpädagoginnen, Sprachtherapeuten und andere. Voraussetzung für die Arbeit in SAFE®-Gruppen ist die Fähigkeit, sich auf Schwangere und Eltern mit Säuglingen einzulassen, und dass aus der alltäglichen beruflichen Praxis bereits konkrete Erfahrungen mit dieser Zielgruppe gesammelt wurden.

Die Ausbildung zum SAFE®-Mentor umfasst drei ganztägige Seminartage und mindestens einen Praxistag, der durch verschiedene Vertiefungs- und Supervisionstage ergänzt wird. Die Mentoren organisieren dann jeweils vor Ort unter ihren spezifischen Arbeitsbedingungen SAFE®-Gruppen. Vorzugsweise arbeitet man als Mentorenpaar, bestehend aus Gruppenleitung und Co-Leitung. Dieses Leitungsmodell beinhaltet die Möglichkeit, dass ein Mentor jeweils Inhalte vermitteln kann, während der andere die Gruppe leitet.

FORSCHUNG ZUM PROGRAMM SAFE®

In der Pilotphase konnte das SAFE®-Programm mit seinen Inhalten und Zielen sehr gut realisiert werden. Inzwischen wurde eine Studie durchgeführt, in der die Ergebnisse von SAFE®-Elternkursen mit einer herkömmlichen Schwangerschafts- und Geburtsvorbereitung und Stillbegleitung verglichen wurden. In beiden Gruppen wurde zum Ende des ersten Lebensjahres die Entwicklung der Bindungsqualitäten der Säuglinge untersucht und ausgewertet (Weitere Informationen finden Sie online in der Broschüre »SAFE Prävention«, welche Sie auf meiner Homepage einsehen können: https://www.khbrisch.de/start/downloads.html)

SAFE®-SPEZIALPROGRAMME

Das SAFE®-Programm wurde inzwischen für verschiedene Gruppen und Anwendungen modifiziert und erweitert, so etwa für Eltern mit Frühgeborenen, Adoptiv- und Pflegekindern, für Eltern mit Mehrfachbelastungen, mit Suchtproblemen, für Mutter-Säuglings-Heime mit jugendlichen Müttern, für Mütter-Säuglingsgruppen im Strafvollzug, Schwangere mit einem Risiko für die Entwicklung einer postpartalen Depression oder einer anderen psychischen Erkrankung sowie für die Tagesbetreuung von Säuglingen in Krippen sowie für die Vermittlung in der Einzel-Beratung und -Psychotherapie.

ZUSAMMENFASSUNG

Das Hauptziel der SAFE®-Elternkurse ist es, möglichst viele Eltern so zu unterstützen und zu fördern, dass ihre Kinder mit ihnen eine sichere Bindungsentwicklung aufbauen können. Durch die Hilfestellungen im SAFE®-Programm soll erreicht werden, dass die Eltern trotz eigener schmerzlicher Erfahrungen in ihrer Kindheit für die Signale ihres Babys emotional verfügbar werden und angemessen feinfühlig darauf reagieren können.

Das SAFE®-Programm beginnt bereits in der Schwangerschaft und wird bis zum Ende des ersten Lebensjahres des Säuglings fortgesetzt. Es nutzt sowohl Effekte des Lernens in einer Gruppe von

Eltern, die sich in einer ähnlichen Situation befinden, als auch die Möglichkeiten einer individuellen Beratung. Mit Hilfe einer individuellen Psychotherapie können Eltern das Muster von selbsterlebter Traumatisierung und deren Weitergabe an ihre Kinder durchbrechen. Die Hotline bietet für Schwierigkeiten im Alltag Sicherheit und stellt einen »heißen Draht« zu kompetenten Mentoren her. Diese können im optimalen Fall schnell und zielgerichtet auf die Hilferufe der Eltern eingehen, weil sie deren Geschichte bereits kennen.

Das SAFE®-Programm steht allen Eltern, Müttern wie Vätern sowie Alleinerziehenden, offen.

Die Durchführung der Elternkurse an Sonntagen ermöglicht es offensichtlich auch Vätern besonders gut, an der SAFE®-Gruppe teilzunehmen. Das frühe Ansprechen bereits während der Schwangerschaft, in der Zeit also, in der sich die Elternrollen erst herausbilden und die Babyversorgung noch nicht alle Aufmerksamkeit braucht, scheint die Motivation für die Teilnahme an einer SAFE®-Gruppe zu erhöhen. Durch das Einbinden in einen ca. eineinhalbjährigen individuellen *und* gruppendynamischen Prozess wird die Zuverlässigkeit und Verbindlichkeit der Teilnahme gefestigt.

Wenn das SAFE®-Programm durch die Mentoren die angestrebte größere Verbreitung findet, könnten auf diese Weise zukünftig möglichst viele Kinder eine sichere emotionale Bindung zu ihren Eltern aufbauen und damit eine bedeutungsvolle Grundlage für ihre weitere soziale, emotionale und geistige Entwicklung erhalten.

Weitere Informationen zum Programm, eine Info-DVD und eine aktuelle Kursübersicht, wann neue Kurse für die Ausbildung zum SAFE-Mentor stattfinden, finden Sie im Internet unter http://www.safe-programm.de. Über die Homepage besteht auch die Möglichkeit, eine E-Mail mit Fragen an uns zu richten.

WEITERFÜHRENDE LITERATUR

Brisch, K. H. & Madarász, O. (2023). SAFE – Sichere Ausbildung für Eltern. *Public Health Forum*, 31(2), 97–99. doi:10.1515/pubhef-2023–0012

Brisch, K. H.(Hrsg.) (2023). *Gestörte Bindungen in digitalen Zeiten. Ursachen, Prävention, Beratung und Therapie*. Stuttgart: Klett-Cotta.

Brisch, K. H. (Hrsg.) (2022). *Kindliche Entwicklung zwischen Ur-Angst und Ur-Vertrauen*. Stuttgart: Klett-Cotta.

Brisch, K. H., Sperl, W., & Kruppa, K. (Hrsg.) (2020). *Early Life Care: Frühe Hilfen von der Schwangerschaft bis zum 1. Lebensjahr. Das Grundlagenbuch*. Stuttgart: Klett-Cotta.

Brisch, K. H. (Hrsg.) (2019). *Familien unter Hoch-Stress: Beratung, Therapie und Prävention für Schwangere, Eltern und Säuglinge in Ausnahmesituationen*. Stuttgart: Klett-Cotta.

Brisch, K. H. (2019). *Schwangerschaft und Geburt*. Bindungspsychotherapie: Bindungsbasierte Beratung und Therapie, Reihe Band 1. Stuttgart: Klett-Cotta.

Brisch K. H. (2017) (Hrsg.) SAFE® – Sichere Ausbildung für Eltern. München, (Zitierdatum 01.02.2023), aufrufbar unter https://www.khbrisch.de/fileadmin/user_upload/safe_internet_v2_broschuere_1.pdf

Brisch, K. H. (2015). *Kindergartenalter*. Bindungspsychotherapie: Bindungsbasierte Beratung und Therapie. Reihe Band 3. Stuttgart: Klett-Cotta.

Brisch, K. H. (2014). *Säuglings- und Kleinkindalter*. Bindungspsychotherapie: Bindungsbasierte Beratung und Therapie. Reihe Band 2. Stuttgart: Klett-Cotta.

Brisch, K. H. (Hrsg.) (1999): *Bindungsstörungen. Von der Bindungstheorie zur Beratung und Therapie.* (20. Aufl., 3. vollständig überarbeitete und erweiterte Neuausgabe 2022) Stuttgart, Klett-Cotta.

Marvin, R., Cooper, G., Hoffman, K., & Powell, B. (2010). The Circle of Security project: Attachment-based intervention with caregiver-pre-school child dyads. *Attachment & Human Development*, 4(1),107–124. https://doi.org/10.1080/14616730252982491

Reddemann, Luise (2022). *Imagination als heilsame Kraft. Zur Behandlung von Traumafolgen mit ressourcenorientierten Verfahren* (Leben Lernen 141) Stuttgart, Klett-Cotta.

Walter, I.,Quehenberger, J., Landers, S., Brisch, K. H. (2024), Attachment-based Prevention Program Involving Mothers and Fathers: Seven-year Post-Intervention Outcomes of a Randomized Control Trial. *Journal of Child and Family Studies*, https://doi.org/10.1007/s10826-023-02762-2

Walter, I., Landers, S., Quehenberger, J., Carlson, E., & Brisch, K. H. (2019). The efficacy of the attachment-based SAFE® prevention program: A randomized control trial including mothers and fathers. *Attachment & Human Development*, 21(5), 510–531. https://www.tandfonline.com/doi/abs/10.1080/14616734.2019.1582599

DANKSAGUNG

Mein besonderer Dank gilt Herrn Dr. Heinz Beyer dafür, dass er die erste Entstehung dieses Buches angestoßen und sich im Verlag Klett-Cotta für eine rasche Drucklegung eingesetzt hat.

Ganz besonders danke ich auch Herrn Julian Hermann, der die Neuauflage mit so großer Intensität und viel Herzblut bei Klett-Cotta betreut hat, Herrn Carlo Schneider für die wunderbaren Cartoons, welche die Inhalte auf so anschauliche Weise vermitteln, sowie der CHAJA Stiftung für die Förderung einer Illustrierung dieser Neuauflage. Mein großer Dank gilt auch Frau Verena Wagner, die als Psychologin und Mutter das Manuskript kritisch durchgesehen hat. Ihre sehr hilfreichen Rückmeldungen haben wichtige Ergänzungen im Text angestoßen. Frau Olivia Madarász und Frau Wagner sei Dank für ihre rasche Unterstützung und ihren scharfen Blick bei der Durchsicht der Druckfahnen.

Weiterhin danke ich Birgit Vogel für ihr großes Engagement bei der Erstellung des Manuskriptes sowie Frau Katharina Arnold, Frau Christel Beck und Herrn Thomas Reichert für ihre große Hilfe bei der Überarbeitung und Fertigstellung des Textes der Erstauflage.

Ich danke auch allen SAFE®-Eltern, SAFE®-Mentorinnen und -Mentoren für ihre Hilfe und Unterstützung.

Meinen Großeltern, meinen Eltern, meiner Frau Lizzy und meinen Kindern Verena, Nicola und Jonathan danke ich von ganzem Herzen, denn ohne sie hätte ich viele der in diesem Buch beschriebenen positiven Erfahrungen nicht machen können.